認知症の人、その本当の気持ち

たっつん

KADOKAWA

はじめに──認知症の人が100人いれば、合う介護はそれぞれ違う

これまで18年間、介護士としてやってきました。

管理職に就いてからも現場には出続けているので、数えきれないくらいの人のお世話をさせてもらっています。

特別養護老人ホームの勤務が多かったこともありますが、9割くらいの人たちは認知症を発症していたのではないかと思います。

施設では、忘れられない出会いがたくさんありました。

介護士になって最初に関わらせてもらった一人であるNさんもそうです。

なかば無理やり施設に連れてこられた女性でした。意識はしっかりしていながらも、ベッドで寝たきりになっていました。

Nさんは施設に来てすぐ、ロビーで「嫌あぁぁぁ、帰らせてぇ!!」と絶叫。

部屋に入ってからはすべての介助を拒否しました。

食事、水分摂取、着替え、入浴、オムツ交換……、会話もです。介護のため、少しでも身体に触れようとすれば、引っかくわ、嚙みつくわの徹底ぶりでした。

飲まず食わずで3日になりました。施設のドクターが点滴を試みても、暴れて拒否します。どうしようかとみんなで話し合いましたが、解決策はみつかりません。

Nさんが徹底抗戦の構えを見せていた4日目の夜勤がぼくでした。

その日も朝からすべてを拒み続けていて、水も飲んではいなかった。

時間は夜7時。夕食はまだ片づけていなかったのですが、衛生面を考えて破棄しなければならない決まりになっていました。今日も食べてくれないのかな……と思いつつ、こちらに背中を見せているNさんに話しかけました。

「お腹は減ってないんですか？　のども渇いてないんですか」

返事はありません。そこでぼくは自分のペットボトルを取ってきて、「のどが渇いたから、こっちは飲みますね」と、グビグビと思いきり音を立てながら飲みました。

「ああ、うまあ！」

大げさに声をあげた次の瞬間、ぐう～っと鳴ったのはNさんのお腹です。

「ん⁉　今のはなんです。何の音ですか？」

詰め寄っても返事はなかったのですが、Nさんの肩が揺れていたのを見逃しませんでした。意識的に少しだけ間をあけて、「今のぐう～ってなんでした？」とNさんの顔を覗き込むと、懸命に口を閉じて笑いをこらえているのがわかりました。

「めっちゃ、わろてますやん」とツッコむと、たまらずNさんは吹き出しました。

そのタイミングをのがさず、「飲みますか？」と聞くと、「うん」と笑顔を見せてくれました。

なんて素直な人なんだ！　と感動しました。

ストローでポカリスエットを一気飲みしたNさんは夕食もたいらげました。

「ここに来るって家族から聞いてなかったんや。意地張ってごめんな。ありがとう」

Nさんの言葉を聞いて、喜びがこみ上げました。

身体が不自由なNさんは施設に入らなければいけないことを理解していながらも、

説明がないまま連れてこられたことで怒りが頂点に達していたのです。

いちど心を開いてくれてからはほとんどの介護を受け入れてくれました。

介護士になってすぐNさんと出会えてよかったと思います。

100人の入居者がいれば、100の人生があり、100の事情があります。

Nさんは認知症ではなかったのですが、認知症の人が100人いれば、症状のあられ方や行動パターンも100通りになります。

その人その人の世界に合わせながら、より良い接し方を探っていく。

そういう考え方に変わるきっかけをつくってくれたのがNさんでした。


介護をしていれば、日々さまざまな〝なぜ？　どうして⁉〟があります。

何が起きるかはわかりません。認知症の人たちはとくにそうです。

この本の中でも紹介しますが、自分のウンチを手で持ち歩き、ぼくたち職員に対して「受け取れ」とばかりに差し出してくるおじいちゃんがいました。こちらが手袋をすることは許してくれず、素手で受け取ることを要求してきます。

服のトレーナーをズボンとして穿き、ズボンをトレーナーのようにかぶって、夜中に廊下を徘徊するおばあちゃんもいました。

〝なぜそんなことをするのでしょうか？〟

この2件に限らず、認知症ではさまざまな行動・心理症状（認知症の中核症状から引き起こされる二次的な症状）が見られますが、こちらの想像を超えた行動をとるときには何かしらの理由がある場合が多いものです。

その理由を摑めたこともあれば、摑めなかったこともありますが、背景にあるものに向き合っていくことで問題を解決できた例は少なくありません。

在宅介護の場合も含めて、介護する側の人間が思わぬ行動に悩まされ、「やってられないよ！」となったとき、介護しているその人自身が原因をつくっている可能性もあります。**良かれと思ってやっていることに何かしらの不都合があるため、その人なりのやり方で「そうじゃない」と訴えている場合などもあるからです。**そういうケースにしても、方法の改善によって行動・心理症状を止められることがあります。

認知症は、脳の異常が症状となってあらわれる病気です。**発症した人におかしな言動がみられた場合にしても、周りに対する嫌がらせをしているわけではありません。**やりたいこと、訴えたいことがありながら、自分でコントロールできないために、はたから見れば奇異な行動を取ってしまっているだけなんです。認知症が進んでいる本人が「自分はいったいどうなっているのか⁉　何をしているのか」と当惑しているケースも少なくないはずです。

そういう認識でいたならば、自分が理解できない行動をする人がいたとしても、ふざけるな！　と感情的になったりはしません。

介護士はなかなか続けられない仕事のようで、平均勤続年数は7年程度です。想像以上の重労働であるうえ、精神的につらいことも多い。

でも、少しだけ意識を変えればこれほどやりがいのある仕事は他にありません。

認知症の症状には、人生や生活環境など、さまざまな面が反映されていることがあります。**表面的にお世話をするのではなく、相手の想いに寄り添っていくようにすれば、80年、90年と生きてきた人たちの人生の核心に近づけることもあります。**本人にしか見えていないであろう世界に触れられることもあります。

そうしたときに何を感じ取るのか。

それが楽しいといえば語弊があるかもしれないけれど、ぼくからすればすごく楽しい！　だからこそぼくは、この仕事を辞めたいとは思いません。

介護はただつらいだけのものではないんです。

今回のこの本を、認知症の方々を知り、介護の日々がどんなものなのかを知る一助にしてもらえたならと願います。

認知症の人、その本当の気持ち　目次

3章 たとえ理由がわからなくても「認知症の人の世界」に合わせることはできます。 75

おわりに――ぼくが介護の仕事をやめられないワケ

構成　内池久貴
デザイン　吉田考宏
八田さつき
イラスト　谷端実
DTP　キャップス

1章

認知症の人の行動には
理由があります。
でもそれを
伝えられないだけです。

Case #1

「うちへ帰らなあかん」言い続けたおばあちゃん、帰宅願望がとまったワケ

認知症の人の行動はさまざまです。

夕方になるたび、「うちへ帰らなあかん」と言いだして、ウロウロしはじめるパターンはそれほど珍しくないかもしれません。

あるおばあちゃんがそうでした。一人で施設から出て行こうとすることもあるので目が離せず、職員みんなが困っていました。

これだけ帰宅願望が強いのはどうしてなのか。**まず理由を突き止めたかったので、おばあちゃんと一緒に施設を出てみることにしました。**

「おうちまで送っていきますね」と言いながら、どこへ向かって歩いていくかはおばあちゃんに任せていました。となりに付き添いながら、なるべく穏やかに話しかけるようにしていましたが、「ついてこんでええ！」と怒鳴られます。仕方なく、こけそうなときなどにすぐに手が届く範囲の距離を保ちながら歩いていました。

おばあちゃんは家に帰りたいのに道がわからなかったのか、まいごのように歩いていただけでした。そんな中でもぼくが介添え役のように付き従っていたので、それなりに心強かったのかもしれません。少しずつ、ぼくが傍にいることに安心感を覚えているような表情を見せはじめてくれたのです。そんな〝散歩〟を2時間も続けていると、さすがに疲れたようで、座り込んでしまいました。施設に電話して、車で迎えにきてもらうことにしました。待っているあいだにはお茶を飲んでくれたし、車で帰ることも拒みませんでした。

翌日の夕方もやはり「うちへ帰る」が始まりました。

「では送っていきます」と、前日と同じように二人で施設を出ました。アテのない散歩のようになったのは同じでしたが、このときは最初から前日ほどギスギスしないで済みました。おばあちゃんが意地を張ろうとしなかったからか、散歩時間も短縮されて、1時間30分で迎えの車を呼べました。

その翌日も、同じように出かけました。今度は車を呼ぶ必要もなく、二人で歩いて施設に戻りました。所要時間は1時間ちょっとです。この日は夕食前に帰れたので、

「夕食の準備を手伝ってもらえませんか」と尋ねてみました。

おばあちゃんの反応はどうだったかといえば……。

笑顔で「ええよ」と返してくれたのです。

おうちに帰りたい、ということは忘れてしまっているようでした。

4日目も同じように施設を出たものの、このときは最初から、ただの散歩と変わりませんでした。30分ほど歩いたあと、「夕食の準備があるから帰りましょうか？」と聞くと、「そうやな」と即答してくれたのです。

そして5日目には、夕方になっても「うちへ帰る」と言わなくなりました。「歩かなくてもいいんですか？」と確認すると、「今から行ったら、この人らの晩ごはんに間に合わんがな」と、やさしい笑顔です。**それ以降、施設で食事の準備をすることがおばあちゃんの日課になりました。**

それまで、夕方になるたび家に帰りたがったのは、「家で夕食の準備をしなければいけない」という従来の習慣にとらわれていたからなんだと思います。

誰にでも、それまで生きてきた歴史があり、その人の世界やルールがあります。

このおばあちゃんの場合、妻として母親として生活していた頃への想いが強く、毎日の家事をしなければならないという強迫観念に近いものがあったのだと考えられます。**その気持ちを否定しないで尊重していくことで、「家族のため」という強迫観念を、「この人らのため」という想いに変換できたのです。**

それにより、夕方の焦り、帰宅願望はなくなりました。

認知症の人たちの行動には振り回されやすいものですが、本人の中では、何かしら理由や意味があることがほとんどです。その部分を摑めたなら、対処できるケースは少なくありません。

このおばあちゃんは、とにかく人の役に立てていることが嬉しかったのだと思います。この後は、夕食の準備に限らず、いろんなことを手伝ってくれるようになりました。

Case #2

逆立ちしながら歩いてる!? 夜中に徘徊するおばあちゃんにやってもらったこと

どうしてなのか、毎晩、トレーナーをズボンのように穿くおばあちゃんがいました。トレーナーの首の穴がお股のあたりにきますが、穿こうと思えば穿けないことはありません。逆にズボンを着ようとします。こちらは腕を通すのがやっとで頭からかぶることはできないにもかかわらず、そうしています。その格好で夜中の2時や3時に廊下に出てきて歩いているので、逆立ちして歩いているように見えました。

日中などは大抵のことは自分でやれているのに、夜になるとどうしてこんな行動を取るのかがまったくわからずにいました。

夜中に歩いているときは、ものすごく怒りながら何かを叫んでいます。ほとんど意味不明な言葉です。なんとか聞き取ろうとすると、何かの説明をしながら「契約しろ」などと言っているのがわかりました。

放っておけば、明け方まで大声でわめき散らしながら歩いているので、他の入居者からすればかなり迷惑な存在になっていました。

家族と話をしてみると、そのおばあちゃんはもともと保険のセールスをやっていたとのことでした。営業だけでなく、事務仕事も得意だったようです。

そこで職員のステーションにおばあちゃん用のデスクをつくり、計算などの仕事らしきものをお願いするようにしました。そうすると、毎日ちゃんとした服を着てそこに〝出勤〟するようになったんです。電卓を使って計算しながら書き出している数字はめちゃくちゃながら、とにかく一生懸命やっていました。

その後、トレーナーをズボンのように穿くことも、夜中にわめき散らしながら徘徊（はいかい）することもなくなりました。どうしてあんな変な着方をしていたのかはわからなかったものの、昼間に〝仕事〟をすることで自分を納得させられたのだと思います。

Case #3

ウンチを手渡してくるおじいちゃん。実はウンチは●●のつもりだった

認知症の男性Yさんは、夜中にウンチを手渡そうとしてきます。

やられる側にとってはショッキングで、精神的ダメージが大きなことです。

ウンチを差し出された職員が手袋をして受け取ろうとすると怒りだし、ウンチを持っていたYさんの手を洗おうとすると激しく抵抗されます。

みんな途方に暮れていたので、実態をつかもうと夜勤に入ってみました。その2日目のことでした。

明け方も近い4時頃、廊下の向こうから歩いてくる人がいました。右半身に麻痺（まひ）があるため、右足を引きずって歩いているので、すぐにYさんだとわかりました。

近づいてきたYさんの左手には黒い物体が載っていました。まぎれもなくウンチです。それ、受け取れ、とばかりに「っん！　っん！」と差し出してきます。

ほんまやったんか！

話には聞いていても、実際にこんなことをされたら誰でも驚きます。**どういう意味があることなのかと聞きたくても、Yさんは失語症で言葉を話せません。**

手袋をして受け取ろうとすると、やっぱり怒って取らせてくれません。

いったいどういうことなのか？

何か意味があるのかなと考えながら、Ｙさんを部屋へ誘導しました。

部屋の電気を点(つ)けて見回してみると、仏壇が乱れているのに気がつきました。少し前に巡回したときは普通の状態だった気がしたので、Ｙさんの顔を見ながら、「仏壇ですか？」と聞くと、うんうんと頷(うなず)きます。

「お供えってことですか？」という問いにも、やはり、うんうんでした。

「わっかりました！」と、ウンチを受け取ろうとすると、ぼくが手袋をしているのを見て、やはり怒ります。マジか……。

どうしても素手じゃなければならないのかと覚悟を決めて、手袋を外しました。左手を差し出すと、手の上にウンチを載せてきました。

ふだんから入居者の方々の下のお世話をしていても、あらためて素手にウンチを載せられてしまえば複雑な気持ちになるのは当然のことです。

そのウンチを、いいのかなと思いながら仏壇に供えると、Ｙさんはとても嬉しそうな笑みを浮かべました。

夜勤が明けて、朝出勤してきた職員たちにYさんの部屋の仏壇に関して気づいたことはなかったかを確認しました。

すると「そういえば仏壇が乱れてることがありました」との声を聞きました。

Yさんのご家族はほとんど面会に来られず、入居時以来、お供え物をしたことはなかったようです。Yさんは失語症でコミュニケーションを取りにくく、ちょっとしたことでも怒りやすい性格でした。そのため、大切にしている仏壇にはあまり触ってはいけないのだろうとみんなが思い込んでいたようです。仏具などが乱れていれば、そっと直しておく程度にとどめていたのですが、そこを改めました。

いつも仏壇をきれいにしておき、施設のおやつの余りなどをお供えするようにしたのです。

そうするとYさんは、ウンチを持ち歩いて職員に渡そうとしてくることをやめました。

認知症の方は突拍子もない行動を取ることがあります。

行動のひとつひとつにどんな意味があるのかを常に解き明かすことができるのかといえばなかなか難しい。**でも、その人の微妙な表情の変化を見逃さないように気をつけながら部屋の様子などをよく観察してみれば、ヒントを摑めることはあります。**

Ｙさんの件では、名探偵が事件を解決したように思ってくれた職員もいたようで、

「部長、やるやんけ」というムードになりました。

いつもいつもこうしてうまくいくわけではありませんが、介護という仕事のおもしろさを実感できたエピソードです。

Case #4

何度片付けても部屋を荒らす……その理由がわかったのは偶然だった

とにかく部屋を荒らしまくる女性Sさんがいました。

タンスから服などを引っ張りだしては投げ散らかしてしまうので、足の踏み場もないくらいになっていました。歩行器を押しながら歩いていた人なので、こけたりしないかと心配されて、目が離せない状態でした。

片づけのため、職員が掃除に入ると、「あれがなくなった、これがなくなった」と言われることが多いので、本人と一緒に片付けをします。部屋がきれいになると「ありがとう」と言ってくれるのに、1時間くらい経つと、また荒らしはじめます。

エンドレス状態でした。

部屋にある水洗トイレの便器の中でタオルを洗って手すりに干していることもありました。そんなときには、こっそり回収して、洗濯してから戻すのですが、タオルがないと怒られることもありました。

記憶障害が出ていた人なのに、タオルの枚数などは数えて覚えていたのです。モノへの執着は強かったんだと思います。

そのため、タオルを持ち出すようなときには、わからないようにやるか、ちゃんと説明するか、どちらかにする必要がありました。

気をまぎらわせる方法を探るため、趣味などはないかと家族に聞いてみると、「ショッピングが大好き」とのことでした。 職員が1日がかりの外出に同行するのは難しいのですが、いちど試してみることにしました。

ショッピングモールへ行ってみると、たしかに楽しんでくれているようでした。ただし、店内をぐるぐると見て回るだけで、自分のモノを買おうとはしません。服などはかなり持っている人だったので気に入ったものがなかったのかもしれません。

フードコートでお昼を食べましょうかとなったら、ぼくたちの分まで払おうとして聞かないので、とりあえずその場では出してもらいました。

ぼくやSさんの娘さんが食べているところをニコニコ笑いながら機嫌よく見ていたので、1日の過ごし方としては悪くなかったのだと思います。

驚いたことに、その日以降、Sさんが部屋をぐちゃぐちゃにすることはなくなりました。娘さんによれば、昔から人にご馳走(ちそう)したり、何かを買ってあげたりするのがすごく好きだったといいます。ショッピングに行った効果がばっちり出たかと思いましたが……、理由はそれではなかったんです。

ショッピングに行く際、娘さんが「これを着ていくのがいいんじゃない」と家から持ってきてくれた服がありました。実は、Sさんはまさにその服をずっと探していたようでした。ショッピングから帰ったあとも、その服を部屋の中にかけておくようにすると、タンスをあさることはなくなりました。

娘さんによれば、上下揃いの外出着なので、施設で着ることはないだろうと持たせていなかったのだといいます。その服は、Sさんにとって思い入れのある大切な一着でした。Sさんがその後、施設でその服を着ることはなかったのですが、見えるところにあることで安心できたのだと思います。

便器でタオルを洗うといったこともなくなり、その後はいつも清潔にしながら過ごされました。

タンスの中のものをなんでもかんでも引っ張りだしていた頃、「何か探しものでもあるんですか？」と聞いても「あんたらに言ってもわからん」と返されていました。

Sさん自身、お気に入りの服を探すという意識があったのかどうかはわかりません。**服とは関係ないものについても「なくなった」ということが多かったため、Sさん自身、タンスを探っている目的を明確化できていなかった可能性もあります。**それでいながら、お気に入りの服を手元に置いておけるようになると、嘘のように問題が解決したわけです。

認知症の人の場合、自分が何で困っているのか、どうしたいのかを認識し、伝えることが難しい場合があります。問題解決の糸口をみつけるのは簡単ではありませんが、いろいろな働きかけをしている中で、偶然その糸口がみつかることもあるのですから、あきらめずにかかわっていくことが大切だと感じます。

Case #5

「誰もわたしのことを知らない」と必ず泣いていたおばあちゃんにしたこと

朝、部屋を見てみると、必ず泣いているおばあちゃんがいました。「トイレに行かしてほしいのに、夜のあいだ、誰も来てくれなかった」というのです。腰の具合が悪いため、普通の車椅子には乗れずトイレにも座れないので、オムツの中にしてもらうしかないのですが、放っていたわけではありません。

夜の記録を見れば「何時にナースコールがあってオムツ交換をした」と記されています。それを覚えていないんです。

夜のあいだ、無視されていたという思い込みは、朝食にも影響します。

「ずっとほったらかしにしとるあんたらの言うことを、なんで聞かんとあかんの」、「こんな部屋におったら、朝なのか昼なのかもわからん」と言って食べてくれません。うまく説得して食べてくれることもあったんですが、ずっと泣いたままでいっさい食べてくれない日もありました。

食べない日が続くと困るので、どうしたらいいかと考えました。

まずは、おばあちゃんの機嫌がよさそうなときを狙い、できるだけ話をするようにしました。こちらは聞き役になって昔話をしてもらい、情報を収集します。戦時中の集団疎開で香川県の金毘羅さんの近くのお寺で暮らしていたこと、甘いものが大好きだということなどがわかってきました。

おばあちゃんは、ぼくに何を話したかを覚えていないので同じような話を繰り返し聞かされることも多かったのですが、それは仕方がありません。同じ話を聞きながらも少しずつディテールを摑んでいくようにしました。

「おばあちゃん、大阪から出たことないんですか？」、「いや、実は集団疎開で金毘羅さんの近くに住んでたことがあるねん」、「へえ、金毘羅さんですか。ぼくも香川にはうどんを食べに行ったりするんですよ」、「うどんも美味しいけど、おはぎも美味しかったんよ」といった感じです。

朝、おばあちゃんが「だれも何もしてくれへんねん。わたしのことなんてだれも知らんのや」と泣いているときには、とにかく謝ります。

「ごめんごめん、ぼくは今来たところやから夜のことはちょっとわからんのやけど、このあとは当番でおるから。なんでも言うてくれたら、やるから」

「そんなこと言ってくれるのはあんただけや」と喜んでくれたなら、そこから少しずつ蓄積した情報を使っていきます。

「こんな部屋におったら、朝か昼かもわからないですもんね」と、以前におばあちゃんが口にしていた言葉をリピートしながら金毘羅さんの話などをしていきます。同じ話を何度しても構いません。おばあちゃんは自分が金毘羅さんの話をしたのを覚えていないだけでなく、ぼくから金毘羅さんの話を聞かされたことも覚えていないからです。

でも、ふだんからそうして話していれば、「私のことをよく知っている人」と思い、〝自分の味方〟としてぼくの顔を認識してくれるようになります。

細かいことを覚えていなくても、〝自分を快適にしてくれるか、不快にするか〟のどちらかで相手を区別している場合が多いものだからです。

味方の顔を見れば、安心して泣き止んでくれるようになります。

認知症の記憶障害は、短期記憶（短いあいだに起きた情報の記憶）から始まり、初期段階では長期記憶（長いあいだ保持されている昔の記憶）が残っている場合が多いので、その特性を利用して距離感を詰めていくやり方です。

一人の入居者にばかり時間を割くようにしていて大丈夫なのかと思われるかもしれませんが、実はとくべつ時間をかけているわけではありません。**どの入居者に対しても食事のお世話などにはそれなりに時間がかかるものなので、黙ってお手伝いをするか、話しかけながらお手伝いするかの違いです。**

ぼくだけがおばあちゃんとうまくやれるようになっても問題解決にはならないので、得た情報は他の職員にもシェアします。そのうえで同じようなコミュニケーションを取ってもらいます。

同じ話を何度聞かされても「そうだったのですね」と楽しそうに聴いてみせる。そのレベルの〝演技〟ができる人であれば確実に距離を縮めていけることが多いです。

Case #6

ブチ切れていた認知症のおばあちゃん。心を許してくれるまで

認知症の女性Mさんは施設に入居した初日から大暴れでした。誰彼構わず暴言を吐いたり、電子レンジをひっくり返したりしていたほどです。職員が止めに入ると、「殺したろかあ！」、「出ていけえ！」と叫ぶのですから手に負えません。落ち着いていてくれる時間はほんのわずかで、終日ほぼブチ切れテンションなので、みんなが困り果てていました。

今日もそうなのかなと、Mさんの部屋を覗（のぞ）くと、職員に対して「お父さんが帰ってくるやろ！　早く出ていけ～！　私が怒られるやないの」と怒鳴っていました。**この言葉を聞いてMさんはとにかくお父さんが怖いのではないかと気がつきました。**

お父さんが不在のときに知らない人が家に上がり込んでいると、帰ってきたときに自分が怒られる……。そういう不安を抱えているため職員に干渉されるのを極度に嫌がっているのではないかと考えられたのです。

この時点ではあくまで推測でしたが、ぼくが部屋に入って笑顔で近づいていっても、やはり同じような言葉で拒まれました。「あんたみたいなのがおったら、私が怒られるわ！　早く出ていけ――！」というのです。そこでこう返してみました。

「お父さんが帰ってきたら、ぼくも一緒に謝りますわ」

一瞬、ピタリとMさんの動きが止まりました。それなら大丈夫かしら……と考えたような感じでした。でも、沈黙は束の間でした。

「いや、あかん。あんたが謝っても怒られるわ」というのです。

そこでぼくは、もう少しMさんとお父さんの関係を探ろうとしました。

「Mさんのお父さんって偉い方なんですよね？」、「そうや！　怖いで〜」、「怖い方なんですね、それなら早く、ここから出ていかないといけませんねえ」

そう言いながらMさんに立ってもらうと、罵(ののし)られながらも喫茶コーナーまでお連れしました。ここからが頑張りどころです。Mさんはやはり同じような言葉を繰り返すので、お父さんが偉い人だということに大げさに感心しながら頷き続けました。

「こんなことしてたら怒られるわ」、「怒られるんすね」、「怖いでぇ」、「怖いんすね」

約10分。ひたすらこの繰り返しでした。

そのうちMさんの目から怒りの色が消え、声も穏やかになりました。

するとと突然、Mさんは真正面に座っていたぼくの足を踏みつけようとしてきました。ぼくが慌ててよけたことがツボにはまったのか、Mさんは「アッハハハハ！」と声を出して笑いました。すごく楽しそうだったので、足をバタバタさせる延長として、変なステップで踊ってみたら、「アッハハハハハハ‼」と爆笑します。

よっしゃ、流れがきたか！

ぼくが得た感触以上にMさんはノリノリでした。

立ち上がったかと思えば、「ほいほいほい！　ほいほいほい！」と踊りだしたのです。

迷わずぼくも、「ほいほいほい！」とMさんの動きに合わせて踊りました。

相手がそうくれば、瞬時に反応できるかが問われます。

どちらかというとぼくはこうしたアドリブは得意なほうです。こんなときに照れや迷いを残していては千載一遇のチャンスが逃げてしまいます。

Mさんは、「ほいほいほい！」と踊った最後の「ほい！」のとき、にらめっこの要領で、ほっぺたを膨らませる変顔を見せてきました。

いやはや意表をついてきます。

慌ててぼくも変顔を返しました。「アッハハハハハハ!!」とMさんはまた爆笑してくれました。かと思うと、「おにいちゃん、大好き!」と、抱きついてきたのです。

どんだけかわいい人やねん!

人によってはこの場面でも慌ててしまうかもしれませんが、ぼくはMさんのチャーミングさに感動しました。前日の暴れっぷりがすごかったからこそ、子供のような笑顔を見せてもらえたのが嬉しかった。

そのあと、昔からの仲良しのように手をつないで部屋に戻りました。

部屋では、お父さんのことや家のことなど、いろいろ教えてくれました。つらい話もありましたが、できるだけ笑顔で聴いていました。会話の途中では何度か、「あっぷっぷ!」と、にらめっこを挟んで笑い合いました。神妙にならずに話ができたからこそ、いろんなことを打ち明けてくれました。

Mさんはやはり、父親から厳しすぎるしつけを受けていたことがトラウマになっていたようです。認知症が進んでいく戸惑いが大きいなかで施設に入ることになり、混乱していたのだと考えられます。

この後も時おり怒っていることはありましたが、ぼくの顔を見ると「おにいちゃん、大好き！」と抱きついてくるようになりました。

他の職員たちも、ぼくがどうやってMさんと仲良くなれたかを参考にして、Mさんの笑顔を引き出せるようになっていきました。

少しずつ、心を許せる職員が増えていったのだと思います。

しばらくすると、暴言や暴力はなくなりました。

2章

認知症の人にも「こうしたい」「これはいや」があります。

Case #7

まったく関係ないと
思った独り言。
本当は伝えたい
ことがあった

認知症の人は、自分の気持ちを伝えようとしてもうまく言葉にできないことがあります。そのため、かんしゃくを起こしたり不可解な行動をとったりしがちです。

食事のあとなどに、ブツブツとよくわからないことを言いだすおじいちゃんがいました。なんとか聞き取ろうとすると、「円安」だとか「ハゲ頭」だとか、ワケのわからないことを口にしています。

独り言といっていいのかどうか……。しばらくブツブツが続いたあと、歯を磨かせてほしいということをジェスチャー交じりで訴えてきます。

歯磨きをすれば、ブツブツは止まります。

このおじいちゃんの中では1日のルーティーンがあるようで、何かをしたくなると独り言が始まります。入居当初は独り言の意味がまったくわからなかったのですが、しばらくすると、一定の法則性があるのに気がつきました。

ただし、やりたいことと言葉のあいだにつながりはないようです。

「ハゲ頭って、どういうことですか？」と聞いても答えてはもらえません。そのとき頭の片隅に引っかかっている言葉を口にしているだけだと考えられました。

ある日、朝ご飯の前に何やら興奮して独り言を始めました。そのときは、なんとなくオムツ交換を求めているのではないかとピンときました。

食事の時間にオムツ交換のために食堂から部屋へ戻ると、職員が一人15分くらい食堂から離れてしまうことになります。見守りが手薄になり、のど詰めなどのリスクを回避するためにも、本来はできるだけ避けたい行為です。でも、なぜだか確信に近いものがあったので、「たぶん、そうやから行かせて」と他の職員に言って、おじいちゃんを連れて部屋に戻りました。

予感は的中していて、オムツの中にはたっぷりと今、したばかりのウンチがあったんです。

きれいにすると、すごく気持ち良さそうにされて、食堂に戻ったあとは独り言もなく、ご飯をパクパクと食べました。

ご飯のあと、また独り言を始めたので、今度は歯磨きがしたいんだろうなとわかりました。でも、オムツ交換をしていた分、時間が押していました。「今ちょっと大変やから、他の人のことを先にやらせてもらえませんか」と話したら、おじいちゃんは独り言をやめました。ぼくの言葉を理解してくれたんだと思います。

このおじいちゃんのように、なんらかのかたちで意思を伝えようとしてくる人はいます。1日のルーティーンがあるかどうかはともかく、誰でも「今、何がしたい」といった気持ちはあるのだから当然です。

言葉にならない要求をどこまで汲み取ることができるのか。

100パーセントの正解を出すのは無理だとしても、経験によってある程度、精度をあげられるのではないかという気がしています。

『ユマニチュード入門』（医学書院）という本があります。ユマニチュードとは、著者でもあるイヴ・ジネストとロゼット・マレスコッティの二人がつくりあげた認知症ケアの新しい技法、体系です。

ユマニチュードでは「あなたの存在を認めていますよ」というメッセージを発するために「見る」という行為が重要視されていて、0・5秒以上のアイコンタクトが大

切だといいます。0・5秒くらいであれば、常に相手を見ていると思われる人も多いのでしょうが、実際はそうでもないようです。

認知症で寝たきりになっていたある高齢者の部屋を3日間、観察してみたところ、そこに出入りしていた人たちの患者とのアイコンタクトは0・5秒未満のものが9回あっただけだったといいます。3日間の合計で、医師は7分、看護師は12分、部屋にいながら、この二人のアイコンタクトは0秒でした。

ぼくたち介護士や在宅介護をしている人たちはどうなのでしょう。認知症の人たちをちゃんと見て**いる**のかといえば、そうとは断言しにくいところもあるはずです。それでは存在を認めていることを伝えられないだけでなく、相手が何を望んでいるのかを読み取ることもできません。

今、何がしたいのか、できるだけ想像できるようになりたいと思いながら、日々介護の仕事を続けています。

Case #8

「お風呂は絶対入りたくない！」恐怖の場所から、安心できる場所へ変わるまで

入居以来ずっと、お風呂を拒否していた女性がいました。認知症の症状はまったくなかったAさんです。

「前におった施設ではお風呂がめっちゃ怖かってん」といいます。どのような入浴介助をするかは施設や職員によって違うので、かなり嫌な思いをしたんだと思います。

毎日お風呂にお誘いしますが、「ええわ」、「やめとくわ」で1か月が過ぎました。そのあいだはパジャマを着替えるときに、女性職員が身体を拭かせてもらうだけでした。どんな怖い思いをしたのかと探りを入れようとしても教えてはくれません。言葉にするのもつらいことだったんだろうと想像されます。

こうした状況の中で頑張ってくれたのが一人の女性職員でした。献身的にお世話をしていたので、Aさんも彼女には心を許してくれるようになっていったんです。

この職員は、洗面器にお湯を入れて部屋へ持っていき、「手をつけるだけやってみませんか?」と提案しました。 手くらいだったら……と思われるかもしれませんが、この提案もようやく受け入れてくれたんです。

お湯につけた手のひらをマッサージすると、Aさんは気持ち良さそうにしました。

そこで洗面器に足をつける〝足浴〟もやってみませんかと提案すると、「あんたがやってくれるんなら」と笑顔で応じてくれました。

やはりお湯の中でマッサージをすると、予想以上に気持ち良かったのか、「これ、ええわあ」と声を出して喜んでくれたといいます。

二人のあいだの距離はさらに詰まっていきました。

何度目かの足浴のあと、Aさんは自分から「シャワーやったらしてもええかな」と申し出てくれました。「もちろんあんたがやってな」という条件付きでした。指名された女性職員は「部長、聞いてください！」と破顔していました。自分を認めてもらったことよりAさんがシャワーを浴びる気になってくれたのが嬉しかったのでしょう。「他の人が入ったあとの濡れたお風呂場には入りたくない」ということから朝一番のシャワーを希望されたので、そうしました。

無事にシャワーを浴びてもらうことができ、Aさんは「あ～、気持ちいい」と繰り返していたそうです。

何度かシャワーを使って、慣れてきたあと、湯船にもつかれるようになりました。そこまですべて、一人の女性職員がやってくれたんです。

その後、Aさんが了解してくれたので、その女性職員が他の職員にも入浴の手伝い方を指導して、同じフロアの職員全員がAさんの入浴を担当できるようになりました。Aさんが入居してからは3か月ほどが過ぎていました。

時間をかけて、お風呂に対する恐怖心を取り除いてくれた女性職員のことは心から尊敬しています。こうしたことに関しては上司も部下もありません。**〝入居者一人ひとりにどのように接すればいいか〟という点で、妥協なく最善の方法を探していく姿勢に感動もさせられます。**

Aさんの入浴問題に関しては、女性職員に託すかたちをとっていましたが、実をいうとぼくは、洗面器のお湯に手をつけてもらうところから始めた時点で、彼女ならきっと、湯船につかってもらうところまで進んでいけるだろうなと確信していました。

どうしてかといえば、Aさんから内緒話を聞かせてもらっていたからです。

徹底してお風呂を拒絶されていた頃、「誰にも言わんといてな」と言ってAさんはこう続けていました。

「……ほんまはお風呂、好きやねん」。

本当はお風呂が好きな人が、怖くて入れなくなってしまうことだってあるわけです。

トラウマのようなものだといえますが、どのように接するかによってそこまでの恐怖を植え付けてしまう場合もあるということです。

一方で、接し方によってはそのトラウマを取り除くこともできるのです。

Case #9

認知症がどんどん進んでいく……。それは本人にとっても恐怖です

認知症の初期症状が出ていた女性Ｉさんは、とにかくしっかり者で、ひとのお世話ばかりしていました。

歌が大好きなのに言葉をうまく口にできなくなっていた男性がいると、その人がカラオケをするとき、いつも横についてあげるようにしていました。歌いやすい曲を選んであげたばかりか、読みやすいようにＡ４用紙に大きな字で歌詞を書き出して、その紙のコピーを職員に依頼して他の人にも配っていたくらいです。

その男性の奥さんはよく面会に来ていたので、一緒にカラオケに参加することもありました。自分が来られない日にＩさんがとなりについていてくれることは心強かったようで、ものすごく感謝されていました。

カラオケが効果を発揮したのか、男性の言葉はじょじょにハッキリしてきました。そのため奥さんは男性を自宅で介護する決意をされました。施設を退居する日にご夫婦で何度も何度もＩさんに頭を下げていたのが印象的でした。

この頃の施設には、認知症のため、何でもかんでも部屋に持って行ってしまう女性もいました。食事の席に置いてあるティッシュペーパーも、いつも箱ごと持ち帰ってしまうので、彼女の部屋はティッシュの箱だらけになっていたほどです。

この問題の解決にもIさんが乗り出しました。

Iさんはティッシュの箱に自分の名前を書いておき、その女性の部屋へ行って、「これはわたしのやで」と取り返したのです。

この件に限らずIさんは「こういう問題が起きているときはこうしたほうがいい」というようにいろいろとアドバイスをしてくれました。

ただ、それをうっとうしいと感じている職員もいて、Iさん自身、その事実に気づいていました。ぼくに対してだけは、「わたしがいろいろ言うてあげてるのに、なんとも思わん子がおる」と愚痴ることがあったんです。それでもIさんは、やっぱり他の入居者の面倒までよくみてくれました。

そんなIさんが「部長さん、おる?」と、ぼくを呼びにくることがありました。そういうときはIさんの部屋に行って話を聞きますが、様子がいつもと違います。

「わたしな、自分でも何がなんだかわからんねん……」

そう言って、こう続けます。

「トイレはさっき行きましたよって言われても、行った覚えがないし、ご飯はまだかなと思ってるときに、職員さんが周りの人の食器を片付けてたりすると、あれ、わたしも食べたんやろうなと気づいたりするんよ」

認知症であることを自覚しているうえ、症状が進んでいることに対する不安をこぼされたんです。

大きな問題もなく生活している中高年の人でも、知人や芸能人の名前が思い出せなかったり、物忘れが増えているのを自覚したときなどには、先々のことを考えて、大丈夫かなと不安になるものです。

しかしIさんのように認知症の症状がハッキリと進んでいるうえ、自分でおかしいのを理解しているときの不安は、比べものにならないほど大きいはずです。

怖くて怖くて、たまらないのではないでしょうか。

それだけの不安を抱えていることをぼくと二人になったときにしか見せず、ふだんは気丈にふるまっていました。

自分のことをちゃんとやるだけでなく、職員でもないのに周りに気を配り、人のお世話までしてくれていたわけです。

もしかしたらそうすることで、自分の存在意義を確認していたのかもしれません。

それがIさんが考える〝自分のありたい姿〟だった気もします。

認知症がさらに進んでも、Iさんは笑顔を見せ続けてくれました。

認知症になっても、本当に強い人で、尊敬してやまない人生の先輩だと思っています。

Case #10

たった2週間の入院で認知症が進んだ90代のおばあちゃん。戻ってからの劇的回復

軽度の認知症はありましたが、施設に入らなくてもよさそうなくらい、なんでも自分でやれる90代のおばあちゃんがいました。

朝は自分で化粧をして部屋から出てくるほど、しっかりしていたので、他の入居者とはあまり話が合わず、入居者よりも職員とコミュニケーションを取ることが多かったくらいです。食事の後片付けなど、ぼくたちの仕事もいろいろと手伝ってくれました。新聞広告を折り畳んで小さな使い捨てのゴミ箱を作るのも得意でした。

そのおばあちゃんが体調を崩して入院することになったんです。**2週間ほどで退院して施設に戻ってきましたが、入院中にいっきに認知症が進んでいました。**

寝たきりになったときなどに認知症が進むのは珍しくありません。でも、このときはそうした例を何度も見てきたぼくたち職員でも驚くほどの変わりようでした。それまでは杖（つえ）を使いながらも普通に歩けていたのに車椅子になり、顔なじみの職員の顔もわからないようになっていました。以前は自分でトイレに行って普通に用を足せていたのに、トイレの場所や職員の呼び出し方がわからず失禁してしまうこともありました。自分の手に汚物がついてしまうと、布団でぬぐってしまいます。

以前にやってもらっていたことはほとんどできなくなっていましたが、それでも少しずつ自分のことだけでもやってもらうようにしていきました。何かができれば、ぼくたち職員は「ありがとうございます！」、「すごく助かります」と、大げさに感謝の気持ちを伝えるようにもしました。

そうして2か月ほど経つと、入院前とほとんど変わらない状態にまで戻ってくれたのです。少し時間はかかりましたが、その回復ぶりも驚きでした。

そのときおばあちゃんが話していたのは、自分でも何か変になっているのはわかっていたということでした。

「普通にちゃんとしようとしているのにうまくやれず、変やな変やなと思いながらやってることが多かった。自分でもすごく不思議な感覚だった」というのです。 ものすごい戸惑いがあったのだと思います。

劇的回復を果たしてくれたわけですが、90歳を超えていた人です。その後また少しずつ認知症は進んでいきました。

いちど回復したことがある人なので、また頑張ってほしいなと思っていました。しかし、「もうしんどいわ」と言って作業的なことをほとんどしなくなると、いっきに症状が進行しました。

年齢的なこともあり、体調も悪くなっていき、やがて亡くなりました。

記憶には長期記憶と短期記憶があることは先にも書きました。

自分の周りに起きたことはまず短期記憶となり、その中でもとくに印象深い出来事は長期記憶として脳の中の記憶の倉庫に収納されます。3日前の夕食に何を食べたかは思い出せなくても、1年前の誕生日にどの店に行ったかは覚えているといったケースは多いものです。短期記憶は忘れやすく長期記憶は残りやすいことを示すわかりやすい例です。

長期記憶は、意味記憶、エピソード記憶、手続き記憶、感情記憶に分類できます。

意味記憶は、固有名詞など知識の記憶。

エピソード記憶は、過去の出来事の記憶（思い出）。

手続き記憶は、車の運転方法や服の着方、トイレのやり方など、身につけたこと。長期記憶はこの順序で忘れていきやすいとされています。**最後まで残ると言われているのが感情記憶です。**

手続き記憶には、洗濯物の畳み方などから食事の仕方までが含まれます。そのため認知症が進めば、食事ができなくなって亡くなることもあるのです。

こうした記憶のメカニズムを考えても、洗濯物を畳む、使い捨てゴミ箱を作る、といった作業は、できるだけ本人にやってもらったほうがいいのだと考えられます。

この方の場合、極端なくらいそのプラス効果と、やらなくなったマイナス効果があらわれました。

何かを手伝うなどして自分が役に立っていると思えるかどうか。やりたいことができているかどうかによって、認知症が良くなることもあれば悪くなることもあるのです。

Case #11

夜中にナースコール連発！注文の多いおじいちゃんへの「先回り介護」

認知症は軽度ながらも寝たきり状態だったので、ほとんどのことに介助が必要な男性がいました。

必要な介護は当然やりますが、何かとタイミングが悪いうえに注文が多い方でした。

みんなで食事をしていて自分が食べ終わると、他の人がまだ食べているうちから「オムツを替えてほしい」と申し出ることもよくありました。先に部屋にお連れし、オムツを見てみても、何も出ていません。勘違いしていた可能性もありますが、早く部屋に戻って眠りたいからそう言ったのではないかとも考えられました。

入浴は基本的に日中の決まった時間に入ってもらうようにしているのに「夜に入りたい」と言ってきて、希望が通らないと不機嫌になります。

夜中に何度となくナースコールで職員を呼び出すことも多く、正直、職員は対応に困っていました。

なんとかしたかったので、これまでの記録を遡(さかのぼ)り、「いつどういう要望があったか」、「どのような対応をしたときに不機嫌になったか」といったことを書き出し、表にまと

めてみました。それにより一定の規則性があるのがわかりました。

夜中の2時頃からナースコールが始まり、そこからほぼ1時間ごとに「体を起こしてほしい」と希望してくることなどがそうでした。同じ姿勢で寝ているのがつらいというのは仕方がないことですが、常に即座にリクエストに応じることはできません。そこで、本人が言ってくるより先に、手の空いているタイミングで予想されることをやっていくようにしました。どうしても時間を取りにくいときには「ちょっと待ってもらえますか」とお願いしておきます。

このような取り組みを始めると、それまでのように催促がきつくなくなり、待っていてくれるようになりました。〝あいつらもよくやってくれているから〟という感覚だったのではないかと思います。そのうちナースコールで職員を呼び出すことは、ほぼなくなりました。

この男性は面会に来る家族に対して、最初は「ここの職員は気が利かん。いつもなんでも待たされる」と言っていたのに、「ここの職員は本当によく気が利く」に変わったのだといいます。ご家族からお礼の言葉もいただけました。

施設では職員一人が入居者20人ほどのお世話をする時間も多いので、なかなか要望のすべてに希望のタイミングで応(こた)えることはできません。

職員の事情を察して、待ってくれる入居者もいます。言いたいことがあっても言えないでいる入居者もおそらくいます。

認知症もそこに関係してきます。**重い認知症ではなく軽度だからこそ歯止めがきかず、思ったことをそのまま口にしたり、不機嫌になったり……。**ワガママを通そうとすることが増えてしまうのではないかとも考えられるのです。ワガママも症状のひとつととらえると、ただイライラと怒りをぶつけずに対応を考えることができます。

Case #12

声掛けに返事がなかった寝たきりのおばあちゃん。「あ～い」と返事をできるようになるまで

食事がなかなか進まず、職員がお手伝いをしても2割程度しか食べられない女性Rさんがいました。

そのRさんが、ただでさえ食事介助の必要がある人が多くて大変なエリアに部屋を移動することになりました。施設としてそれなりの事情があったからです。

そのエリアのリーダーには、「業務が回らなくなります！」と反対されるのではないかと思っていましたが、「全然いいですよ」と言ってくれたので驚きました。思わず、「大丈夫？」と聞き返しましたが、返事は「はい」でした。

Rさんは寝たきりで、声掛けにもほとんど応じてくれません。食事の際もなかなか口を開けてくれないので、時間がかかります。どうしたって、食べる量は増えません。そういう事情を知っているうえで、引き受けてくれたのです。

Rさんが移ってきてから、リーダーをはじめ、そのエリアの職員たちは全員、とにかくRさんに話しかけまくるようにしていました。

最初はほとんど返事もなかったのに、話しかけるのをやめなかった。

そのうちRさんは「あ〜い」と返してくれるようになったんです。言葉のやりとりを続けていると、Rさんの意識もどんどんハッキリとしてきて、自分で食事ができるまでになりました。

あらためてリーダーに話を聞くと、Rさんが正式に施設に入居する前、ショートステイで自宅から泊まりにきていた頃から見かけることがあったのだといいます。**人懐こい笑顔で会話をしているところを見たこともあったからこそ、メンバーみんなに「とにかく話しかけ続けてほしい」と、協力を呼びかけたのだといいます。**

どうせ言葉が通じないから、などとあきらめずに話しかけ続ける。相手への想いがこのような形で回復につながることもあるのだと思います。

3章

たとえ理由が
わからなくても
「認知症の人の世界」に
合わせることはできます。

Case #13

「帰りますわ」と言う おばあちゃんを 落ち着かせてくれる 〝魔法のカード〟

認知症の女性Hさんは、入居以来、ほとんど毎日のように「帰りますわ！」と言って、荷物を持ってフロアをうろうろしていました。職員の目を盗んでエレベーターに乗り込み、一階の玄関まで行ってしまうと、連れ戻すのが大変でした。

Hさんは長く独り暮らしをしていたあと、施設に入りました。独り暮らしをしていた頃から、子供のうち三男だけがよく家を訪ねてきていたそうなので、帰宅願望の背景には〝三男に会いたい〟気持ちがあったのではないかと想像されました。

ふだんのHさんは歌うのが好きな明るい人です。ベテランの職員と声を合わせて演歌で盛り上がることもありました。盆踊りの定番である『炭坑節』などが聞こえてくると、ぼくたち職員もHさんの笑顔見たさに踊りに行ったものです。Hさんの笑顔はとてもチャーミングで、入居後すぐに人気者になっていました。

食事の準備や片付けやテーブル拭きなど、職員の仕事を手伝ってくれることも多かったのですが、いったん「帰りますわ」が始まると人が変わってしまいます。

「こんなところにいてる場合やないですから！」と興奮状態になり、「なんで出してくれへんの。もういやあぁ!!」と大絶叫することもありました。

もともと耳がかなり遠いので、興奮すると職員の言うことがまったく通じなくなるのも難しい点でした。声を大きくして耳の近くで話そうとすると、「ギャアァ！」と悲鳴をあげ、「なんでそんなことするの⁉」と怯えます。

どうすればいいかと職員みんなで考えました。

興奮すると話しかけても聞いてもらえない状態になるので、伝えたいことを紙に書いて、見てもらうことにしました。

だからといって、「どこに帰るんですか？」、「ここにいてください」などと書いても意味がありません。Hさんに落ち着いてもらうため、「三男さんが、あとで迎えに来ると言ってましたよ」と書いたカードを見せることにしたのです。そのカードを見るとHさんは、笑顔で「はい！」と頷いてくれます。

「三男さんから電話があって、今日は忙しくて行けないから明日迎えに行くとのことでした」、「お母さんの部屋を予約しておいたから、今日はそこに泊まっといて、と話してました」というカードを見せたこともあります。「あの子も気が利くようになったやないの。じゃあそうさせてもらいます」と、Hさんは満面に笑みを浮かべます。
『三男さんカード』と呼ばれるこのカードを使うようにしたことで、Hさんがうろうろを始めても、大騒ぎにならないうちに落ち着いてもらえるようになりました。

一部の職員からは「嘘をつくような方法はどうかと思う」という声もあがりましたが、とりあえず落ち着いてもらうのを優先することにしました。そのうえで、安心して施設で過ごしてもらうための方法を考えていくのがいいのではないかということで意見がまとまったのです。

よく観察してみれば、Hさんのうろうろは、周りに他の入居者がおらず、自分の部屋やリビングで一人になったタイミングで始まることがわかってきました。

傾向が摑(つか)めれば対策も立てやすくなります。

Hさんが一人にならないように、職員の手伝いをしてもらったり、他の入居者がいるリビングにお連れすることを増やしました。

対策がきかず、「帰りますわ」となってしまったときにだけ三男さんカードを使うようにしたのです。

2か月ほどこれを続けると、Hさんのうろうろはなくなりました。入居後間もないうちは三男さんが面会に来られただけで大騒ぎしていたのに、面会時にも興奮しなくなりました。三男さんとしばらく話をしたあとには「あんた、早く帰らんとあかんやろ?」と諭すような言い方をするまでになったのです。

一人になる時間を減らしたことで施設内に友達が増え、環境に慣れてきたことが大きかったのだと思います。

方法はそれぞれだとしても、認知症の人の願望をかなえること（願望がかなうように感じてもらうこと）から始めていけば、いい方向にむかえることもあると思います。

Case #14

なかなか眠れない女性に ぐっすり寝ていただく ためのとある工夫

認知症の女性Nさんは夜にまったく寝てくれない人でした。横になってもすぐに起き上がります。転倒のリスクが高かったので、夜勤の職員は朝までずっと目が離せずにいました。**すると、一人の女性職員が何事もないように「私のときはよく寝てくれますよ」と言うので、みんなが驚きました。**

どうしているのかを聞いても、いまひとつピンとこなかったので、ぼくが彼女と一緒に夜勤して、様子を見せてもらうことにしました。

ふだんのNさんは21時頃にトイレに行ってからベッドに入ります。そのときには寝ついても、23時頃にはベッドから出てきてトイレに行くなどして、その後はずっと落ち着かなくなります。ベッド下の床にはセンサーマットが敷いてあり、Nさんがベッドを降りてマットを踏むとナースコールが鳴る仕組みになっているので、朝までナースコールが鳴り止まなくなってしまいます。

ぼくと夜勤した日、女性職員はNさんがうとうとしているかどうかというくらいの22時30分頃、部屋にそうっと入っていきました。そして壁側を向いて寝る癖のあるN

さんに近づくと、肩に触れて「かあさん、一緒に寝ていい？」と耳元で聞きました。

「あんたかいな、どうしたんや？」とNさん。

「べつに……」と返した女性職員は、背中に触れながらゆっくりと布団に入り、ピッタリと後ろからくっつくようにして添い寝を始めたのです。

「恥ずかしいから、こっち向かんといてな」と言うと、「ええよ」とNさん。

そのまま15分。ドアの隙間から様子を見ていたぼくも眠くなってきたとき、女性職員はこっそりベッドから抜け出し、部屋から出てきて言いました。

「これだけです」

このやり方で寝ついてもらうと、大抵、6時頃まで寝ていてくれるそうです。

面会に来ることが多いNさんの娘さんが「かあさん」と呼んでいるのを聞いていたことから、この呼び方を試してみたのだといいます。

添い寝をしているうちにNさんの身体が脱力していき、寝落ちしたのがわかるとのことでした。

独特の感覚を持つ彼女だからこそ思いつけた方法といえますが、真似ができないわけではありません。このやり方をマニュアル化すると、他の女性職員もNさんにうまく寝てもらえるようになりました。男性職員にはできないことですが、女性が夜勤の日にはよく眠れるようになったのがよかったのでしょう。昼夜の逆転現象がおさまったおかげで、男性が夜勤の日にも、大抵は寝ていてくれるようになったんです。

この女性職員のことをぼくは天才だと思っています。**最初のうち、自分のやり方をみんなに伝えなかったのは、それくらいのことはみんながやっているのだろうと思っていたからのようなんです。**

誰も思いつかないようなことを当たり前のこととしてやってしまえる。彼女ならではの感性なんだと思います。

Case #15

どうしてもごはんを食べていただけない……口を開いてもらうための意外すぎるポイント

認知症がかなり進んでいた女性Yさんは、食事の際、ほとんど口を開けてくれませんでした。スプーンを口の前まで運んで「Yさん、ご飯ですよ」と声掛けしてもダメです。たまにほんのちょっとだけ開いてくれたときには、隙間からお茶や食事を入れますが、わずかにほっぺたが動いたかと思えば、すぐに止まってしまう……。ちゃんと飲み込んでいるかを確認できないので、のどに詰まっていないかと不安になります。無理に食べてもらうことはできないので、最低限の栄養を取ってもらうために点滴が欠かせなくなっていました。

どうして口を開けてくれないのかをみんなで考えました。

いろいろな意見が出たなかで、「同じテーブルにいる人たちのことが気になるのではないか」、「周りを歩く職員を気にしているのかもしれない」といった声が聞かれ、食事に集中しやすい環境にするのがいいのではないかと意見がまとまりました。

そこでYさん一人用の食事テーブルを用意して、食事介助をする職員以外は視界に入らないようなセッティングにしました。対策を講じたあとの最初の食事介助はチームリーダーの男性職員が行うことになりました。

すると、どうでしょう。「はい、Yさん、夕食を持ってきましたよ。まずお茶でも飲みましょう」という声掛けでYさんは口を開けてくれたのです。介護食のお茶ゼリーを一口め、二口めと飲んでくれました。男性リーダーは、遠目で見ていたぼくたちを振り返り、どうだ！　とばかりのドヤ顔を見せました。

このときは結局、お茶ゼリーを１００cc、お粥とおかずも1割ほど食べてくれました。少量とはいえ、それまでのことを考えれば大きな前進でした。

男性リーダーは自ら志願して、翌日のシフトを変更し、朝食の介助も担当しました。朝食ではお粥とおかずを半分ずつ食べ、お茶ゼリーは２００cc飲んでくれました。昼食もおよそ同じくらい食べてくれました。

このままいけるのではないかとも思われたのですが、その日の夕食を女性職員が担当すると、Yさんはまた口を開かなくなってしまいました。

翌朝、別の女性職員が担当すると、食べてくれたのはごくわずか……。ほんのちょっとのお粥とお茶ゼリーを二口ほどでした。

昼食の担当はぼくでした。どうなるかと不安だったのに、驚いたことに5割ほども食べてくれたのです。夕食も担当すると、やはり5割、食べてくれました。

翌朝、再び男性リーダーが担当すると、今度はなんと完食です！

その後も食べてもらえるときとダメなときがあるなかでわかったのは〝担当するのが男性かどうか〟がポイントになっているということでした。

理由はわからなかったのですが、結果がそう示していたのです。

相関関係がわかってからはなるべく男性が食事介助を担当することにしました。それによって食事量は安定し、点滴に頼らず済むようになりました。

とにもかくにも解決策がみつかった例のひとつです。

Case #16

帰りたくて大騒ぎ……おばあちゃんに落ち着いてもらうための苦肉の策

認知症の女性Oさんは、入居するため施設に来られた途端、「帰らせてぇぇぇぇ！」と叫び声をあげました。職員が車椅子を押して、お部屋に入ってもらおうとすると、となりにいた娘さんのショルダーバッグを摑んで引っ張り、「わたしを置いて、あんただけ帰ったらあかんで！」と鬼の形相を見せたのです。

「そんなこと言っても、お母さんは今日からここに泊まるのよ！」、「いややあぁ〜!!」と大ゲンカです。

職員は入れ替わり立ち替わり、なだめようとしましたが、プイッと顔をそむけて完全無視です。どうしたものかと見ていると、Oさんは「〇〇先生のところへ行かせてぇ！」と絶叫しました。二人のやりとりを聞いていて、Oさんは〇〇先生のことをかなり信頼しているのがわかりました。

先生というなら病院の医師なのだろうとも推測されました。Oさんの入居情報を見てみると、案の定、病院の健康診断書にはその名のサインがありました。

ちょっとした考えが浮かんだぼくは、先生の経歴も簡単に調べたあと、施設一階にあるクリニックへ走りました。休診日のため誰もいなかったので、「すみません」と白衣を借りると、白衣を羽織りながらOさんのもとへ向かいました。

ぼくの白衣姿を見て、Oさんの表情は瞬時に変わりました。

「先生、聞いてください。わたしの病院、ここと違いますねん。お世話になってんのは○○先生のところですねん」、「○○先生というのは△△病院のですか？」、「そうです、そうです。○○先生をご存じなんですか？」、「もちろんよく知ってますよ」

白衣は羽織っていたものの自分で医師だと名乗ったわけではなく、嘘はついていません。このやりとりだけでOさんは、すぐにぼくのことを信用してくれました。そのまま施設のことを説明すると、落ち着いて話を聞いてくれたんです。

その日以来、Oさんが騒ぐこともなかったのだから効果は絶大でした。これに対しても「騙(だま)すようなことをするのはどうか」という意見があるかもしれません。それでも何よりもOさんに落ち着いてもらえることを優先して行ったことでした。

Case #17

「猫が死んどる。片付けて」幻覚に対してできること

幻覚や幻聴がある人は珍しくありません。

「知らない人が立っている」、「身体に虫がへばりついている」といったことを訴える人はそれなりにいます。

「猫（犬）が死んでるから片付けてほしい」と言ってくる人もいます。特定の入居者に限られた例ではなく、わりと多いパターンです。

そう頼まれたときには、片付けるフリをします。こちらには見えていない死体なので「そこやない！」と怒られることもあります。

ダメなときには、いちど部屋から連れて出て、お茶を飲んだりしながら関係ない話をして、ある程度、時間が経ってから戻ってもらいます。最初に「片付けておくので、そのあいだ出てましょう」と言っておけば、「ほんまになくなっとるな」と納得してくれる人もいます。部屋に戻った段階ですでに死体を見ていたことは忘れている人もいますが、逆に「まだおるやん！」となってしまうこともあります。そのときはまた部屋から出て、もう一度、同じように過ごします。

なぜ、見えてはいないはずのものが見えるのかはわからないので、気をまぎらわせたり散らしたりするしかありません。

幻覚の訴えは、夜に限らず、昼間にもあります。一人になっているときにスイッチが入りやすいようです。みんなで普通に食事をしたあと、部屋に戻ってすぐに「なんかおる！」と訴える人もいます。


幻覚というより被害妄想に近いのかもしれませんが、お風呂でシャワーを足からかけはじめた途端に「ナニすんの⁉」とパニックを起こす人もいます。介助をしている職員が自分に危害を加えようとしているとでも思い込んでいるのでしょう。

こうした場合、一時的に気をまぎらわせることでは解決につながりにくいものです。53ページの例とも似たケースですが、時間をかけて信頼関係を築いていきながら恐怖心を取り除いていくしかないのだと思います。

Case #18

「まだら認知症」の人が失敗したとき、自尊心を傷つけないようにできること

昨日できたことが今日はできない、朝できたことが夕方できない、物忘れは多くても理解力は高い……というように調子の波があったり、症状がまだらに出ていることを「まだら認知症」と呼びます。

正式な病名ではなく、状態を示すための呼び方です。

まだら認知症の人たちは、自分が認知症だとは認めたがりません。

自分が話していることにおかしなところなどはないと言い、なんでも自分でやれるというプライドを守ろうとします。

ご飯を食べたことを忘れていたときなどは誤魔化そうとして、オムツをびちょびちょにしてしまっても、なんらかの理由をつけてきます。

ふだんからトイレの回数が多いまだら認知症の人に対して、2時間おきに「トイレに行かれますか」と声掛けしていたにもかかわらず、オムツの中に出ていたケースがありました。そのとき、「ナースコールを押したのに来てくれなかった」とクレームをつけられました。ナースコールがあれば履歴が残るので、押していなかったことはハッキリしていました。だからといって事実を強く主張しても、押し問答になるだけです。納得してもらうためには、まず謝ります。

「すみません！　同じタイミングで他の人もナースコールを押していて、かなりお手伝いが必要な人だったので時間がかかってしまったんです」

このとき〝あなたはお手伝いが少なくても大丈夫な人なので助かる〟というニュアンスをにじませれば相手の自尊心を傷つけずに済むので、納得してもらいやすくなります。そのうえで「すぐにキレイにしますからね」と対応すればいいのです。

ナースコールはなかったという事実を優先して、高圧的に諭そうとする職員もいますが、それでは相手をますます不愉快にしてしまいます。

理屈で説明して怒るのではなく、相手の方の見えている世界に合わせるやり方のほうが、うまくいくとぼくは思います。

Case #19

「自分から財産を奪った姉と話したい」と言い張るおじいちゃんとの長期戦

認知症の男性Gさんは、お姉さんとの関係がものすごく悪い人でした。

詳しい事情はわからないものの、自分が相続して然（しか）るべき財産のほとんどをお姉さんに取られたような言い方をします。

認知症ではお金に対する執着が強くなり、「お金を盗まれた」といった被害妄想を持つケースも多いので、それに近いところがあったのかもしれません。

Gさんは時おり「お金のことで姉に電話をしたい」と申し出てきます。「姉に2500万、とられた」と言っていたかと思えば、「25万」になることもありました。金額が桁（けた）から違うくらいなので、実際にどうなのかはわかりません。

「電話をしたい」と言ってきたときには「お姉さんは体調を崩されて入院しているので連絡ができない」と答えてかわそうと施設内では決めていました。

しかし、あるときGさんは、施設に入ったばかりの看護師に対して「姉と連絡を取りたい」と申し出ました。事情を知らない看護師が「わかりました。少しお待ちください」と答えてしまったため、事務所からぼくが呼び出されることになりました。Gさんのなだめ役として指名されたということです。

このときGさんは、「電話してくれるって聞いたんやけど！」と、かなりの興奮状態でした。これは手ごわいと思いながらも「先方に確認したら、お姉さんの状態は本当に悪く、今は電話で話せる状態じゃなかったんです」とお伝えしました。

「だったら警察と話をしたい」と返してくるので、「警察はこういう相談には乗ってくれないですよ」と諭します。理屈で説明してもわかってくれるわけではないので、同じような話を何度も繰り返すことになりました。

ラチがあかないので、このときは弟さんの話を持ち出しました。

お姉さんとの関係は最悪な状態になっていても、弟さんはGさんにとって自慢の存在になっているのを知っていたからです。

「弟さんと話してみたらどうですか」と切り出すと、「いや、この件に弟は巻き込めない」とトーンが下がります。そこから「弟さんはどんな人なんですか？」と話をずらしていきます。Gさんが弟自慢をしやすいように持ちかけていくわけです。

それでも簡単にはお姉さんに連絡したいということを忘れてくれませんが、根気よく続けます。

このときは結局、1時間半かかりました。

1時間半も話をしなければならないのは大変ですが、切り上げるタイミングはなかなか難しい。5分や10分の説得でなんとかしようとしても、すぐに同じことを持ち出されるのはわかっています。そのため、少なくともその日は蒸し返してこないレベルにまで持っていく必要があります。

もちろん心にかかえた問題は簡単に解決できません。

ですが、言っていることが事実とは違うのではないかと決めつけて突き放してしまうのではなく、その人の言っていることを受け止めて、相手の世界に付き合っていくことも大切だと思います。

Case #20

毎朝目が覚めるたび「ここはどこや!?」と戸惑うのが認知症の方の日常です

1章で紹介した方のように、帰宅願望を持たれる方は多いです。認知症で短期記憶の障害が出ていれば、施設で暮らすことの戸惑いは大きくなりやすいものなのでしょう。

ここで少し、認知症の人の毎日を想像してみてください。

朝、目が覚めて、まず目に入るのは、家とは違う天井です。

天井を見て驚く人の1日は「ここはどこや⁉」で始まります。

部屋はもちろん、家具も布団も見覚えがありません。

「おはようございます！　〇〇さん、起きましょうね」と知らない人がやってきて、着替えさせられたり車椅子に乗せられたりします。

そのまま食堂のようなところに連れて行かれて、見知らぬ人がたくさんいるなかで、ご飯を出されます。施設で暮らすことになったのを理解しておらず、覚えていなければ、「ここで、コレを食べなあかんの?」となるのが自然な感覚なのでしょう。

本人からすれば、ホラー映画なみに怖いことかもしれません。

その日のことを覚えていなければ、それが毎日繰り返されます。

次の日の朝、同じ人が起こしにきても、誰だか覚えていないのに、違う人が来ることも珍しくありません。そういう状況がエンドレスに続けば、「なぜ、こんな目に遭わされているのか」とパニックになり、「家に帰らせて！」、「子供たちはいったいどうしたんや⁉」という気持ちになるのも当然です。

だからこそぼくたち介護士は、できるだけ入居者の気持ちに寄り添い、不安を持たれないようにする必要があります。そのうえで少しずつ、ここが自分の居場所なんだと思ってもらえるようにしていきます。

この章の最初に紹介した『三男さんカード』を使うようなやり方はある意味、苦肉の策です。自分が愛する息子が今日はそこに泊まってと言っているのだからそうするしかないんだと納得してもらう……。騙しているには違いありませんが、それによって少しずつ慣れていってもらいたいと考えているわけです。

「帰らせて！」と騒ぐ人は少なくありませんが、施設からの〝脱走〟を繰り返す人はあまりいません。エレベーターや玄関ドアは暗証番号を入力しないと動かなくしている施設が多いので、出て行くことがそもそも難しいからです。

難関を潜（くぐ）り抜け、施設から出て、タクシーに乗っていってしまった人もいました。

そのときは支払うお金がなかったために警察に連絡がいきました。

施設に戻ってきたのは、脱走してから2時間ほど経ったあとでした。

「迷惑かけてすみませんでした」と謝っていましたが、施設から出て行ったことも、連れ戻されて謝ったことも翌日には忘れています。

認知症とはそういうものです。

認知症の人たちがそれだけ難しい世界の中で生きているのだということをよく理解しながら、日々接していきたいと思っています。

4章

認知症の人たちと、こんな楽しいこともありました。

Case #21

「寝たきりでもプラネタリウムへ行きたい」夢をかなえるためのリハビリ大作戦

認知症で寝たきりの女性Kさんは、プラネタリウムが大好きでした。

ご家族も、いつかもう一度、連れて行ってあげたいと考えていたようですが、簡単なことではありません。なにせKさんは1日のほとんどをベッドで過ごされている人で、ご主人はKさんより高齢です。息子さん夫婦は遠方に住んでいました。

難しい状況の中で「どうにかできないでしょうか」とKさん担当の職員から相談を受けました。

Kさんが以前によく行かれていたのは近所にあった科学館とのことでした。施設からは車で往復80分程度で、プラネタリウムの上映時間は約45分。事前に予約をしておけば車椅子のスペースを確保してもらえるといいます。

本当にスムーズであれば2時間強で済む計算だとはいえ、車からの乗り下りや待ち時間などを考えれば3時間は見ておくべき外出になります。

問題はそれだけの時間、Kさんの体力がもつかどうかです。

どちらかというと大柄なKさんはリクライニング式の車椅子に座っていられるのが

30分程度です。それ以上になると、身体がズレて車椅子からずり落ちてしまう危険があるので、ベッドに戻ってもらうしかなくなります。

待ち時間ができないように移動して、車中はストレッチャーを使って寝たまま移動するとしても、車椅子には60分から70分は座っている必要があります。

この壁をどう乗り越えるか。**Kさんに話したうえで、70分間、車椅子に座っていられるようにするためのリハビリに取り組んでもらうことになりました。**

両足を床につけてベッドに腰かけてもらうところから始めました。介助者が背中を支えていますが、介助者ともどもすぐにベッドに倒れこんでしまいます。

道のりの長さが案じられながらも、Kさんも職員も頑張りました。ベッドに座っていられる時間はじょじょに長くなっていったのです。

同時に、リクライニング式の車椅子に座っている時間も少しずつ長くしていき、こちらも成果があらわれだしました。Kさんの体調が悪い日を除いて毎日リハビリを続けたのですから大変な苦労でした。

およそ半年後、70分間、車椅子に座っていられるメドが立ち、ご主人とのプラネタリウムデートが実現しました。担当職員やぼくも同行しましたが、二人の世界の邪魔にならないようにしていたのはもちろんです。

普段は無表情で、ほとんど言葉も発しないKさんが、プラネタリウムの天井を見上げながら泣いていました。

その涙を目にしたご主人と担当職員も泣いていました。

よかったあ〜。

喜んでいたぼくだけが、泣いているのではなく、笑みを浮かべていることに自分で気がつきました。余計に嬉しくなって、ぼくはまた笑いました。よかったあ〜。

Case #22

Over85！
認知症の皆さんと
1泊2日広島ツアー

「主人とのハネムーンで行った厳島神社にまた行きたいなあ」

かなり認知症が進んでいた85歳の女性Tさんがそう呟いたのが端緒となりました。施設の責任者に対して「入居者を連れて広島に旅行するなんて無理ですよね」とダメ元で聞いてみたら、まさかのＯＫが出たんです。

10年ほど前の話ですが、Tさんのほかにも参加者を募り、ツアーを決行することにしました。

参加者は入居者6名とご家族1名、職員8名の合計15名。入居者のなかでは85歳のTさんが最年少だったので、なかなかのシニアツアーです。

1泊2日。**バスで大阪〜広島間を往復できる体力のある人に限られたので、基本的に杖で歩ける元気な人たちばかりでしたが、なにしろ皆さん、高齢です。**念のため6名分の車椅子も用意して出発しました。

初日は原爆ドームと平和記念公園へ行き、広島風お好み焼きを食べる王道ルートで、厳島神社へは2日目に行くことにしました。

初日の観光を終えて、海沿いのちょっと古びたホテルに到着。夕食は海鮮ディナーで、お酒もＯＫ！　カラオケ大会も行う大宴会となりました。

宴会後は、入居者の方に職員が何人かずつつき、それぞれの部屋へ入ります。

Ｔさんの担当はぼくでした。

Ｔさんは終始、笑顔で穏やかですが、会話はチグハグです。何かをやってもらうときにはジェスチャー交じりで説明して、安心してもらえるように心がけていました。

トイレに行ってもらったあと、パジャマに着替えて消灯。

その後もおよそ2時間ごとに起きて様子を確認していましたが、ぼくが寝入っているときに〝事件〟が起きました。

何やらぼそぼそ声が聞こえてきたかと思うと、枕元に黒い影が立っていたのです。

聞き取りにくいその声は、何かを訴えかけているようでもありました。

何コレ、いったい⁉

パニックになりかけながらも、まず声を聞き取ろうと意識を耳に集中しました。すると、その声がこう言っているのがわかったのです。

「……奥さん。もしもし、奥さん。トイレはどこですの？」

よく聞けば、声の主はTさんでした。

消灯前から、部屋に飾られた絵を見て「なんだか不気味だなあ」と思っていたので、知らず知らずのうちに臆病（おくびょう）になっていたのかもしれません。

現実に立ち戻ったあとには、すぐにTさんをトイレにお連れし、部屋に戻ってからまた寝てもらいました。

大きなトラブルはなかったわけですが、こちらとしてはどうしても思い出してしまいます。

こんなおっさんをつかまえて、「奥さん」ってどういうこと⁉　と。

ぼくの髪型（いわゆるマッシュルームカット）が女性のように見えたのかもしれませんが、それにしても、さすがに「奥さん」はないのではないか……。

思い出し笑いは長く続き、布団の中で必死に声を殺しているしかありませんでした。

Tさんという無自覚な仕掛け人によって「寝起きドッキリ」を仕掛けられた気にもな

りました。それでも、他にアクシデントらしいアクシデントはなく、ツアーそのものは大成功で終えました。

参加した入居者の皆さんにも喜んでもらえて本当によかった。

施設の入居者とツアーに出かけるといえば、かなりの困難が待ちうけているのではないかと思われるかもしれませんが、そうとは限りません。

このときの問題といえば、ぼくが勝手にホラー映画の主人公を演じようとしたことくらいです。そんな笑い話も含めて思い出深い旅行になりました。

Case #23

少し先の「楽しみな日」が励みになる

泊まりがけで遠出の旅行をするような例はあまりないかもしれませんが、以前にぼくがいた施設では、年に2回、春と秋には日帰りの遠足を企画していました。水族館を見学したり、トロッコ列車に乗ったり、舞妓（まいこ）さんの芸を見せてもらったりと行き先はいろいろでした。

目的地を考えて下見をする段階では、シニアトラベルに慣れた代理店に協力してもらいます。トイレの場所を確認してオムツ交換ができるかなども見ておき、移動に問題がないかといったことも現地で確かめます。

そのうえで4か所ほどに行き先を絞り、入居者の希望を募ります。

どの場所も希望しない人や、長くバスに乗っていられない人のために、近くにある大きな公園に行く日も設定します。

どの日も看護師には必ず入ってもらい、人数確保のため事務員も参加します。入居者の家族の参加も歓迎です。こうしたことを行う施設は少ないと思われますが、入居者にも職員にも好評のイベントでした。

職員に関しては、どちらかというと、遠足の付き添いに出るよりも、居残り組のほうが大変だったのではないかと思います。

参加する入居者たちは、早い段階から当日が来るのを楽しみにしていました。

1か月後にどこそこへ行くのだから「それまで体調を崩さんように、ちゃんとご飯を食べるようにしとかなあかんな」、「自分でトイレができるようにしておきたいな」などといった言葉を口にする人もいました。

当日がくるのを心待ちにしていることで張り合いが生まれることが、一番のプラス効果だったと思います。

Case #24

コロナ禍のZoom面会で家族がバンド演奏！認知症のおばあちゃんの意外な反応

コロナ禍でもいろんなことがありました。面会ができなくなったのが大きな障壁のひとつだったわけですが、顔を見ながらのビデオ通話ができるウェブサービス、Ｚｏｏｍは早い段階から取り入れました。

一般の方でもコロナ禍で初めてＺｏｏｍを使った人が多いのではないかと思います。ぼくたち職員も、使い方を学ぶところから始めました。

入居者の家族には高齢の人も多いので、初めてＺｏｏｍを使うのは簡単なことではありません。希望される人には、施設でその人のスマホなどにＺｏｏｍのアプリをインストールしたうえで使い方をレクチャーしました。

Ｚｏｏｍを使えるようになり、日時を予約してもらえれば、Ｚｏｏｍ面会をセッティングします。入居者には、施設内に設けた専用ルームに入ってもらい、こちらが用意しているタブレットで家族などと話してもらうやり方です。

高齢のご家族にも利用いただけるようになったので、導入してよかったと思えるサービスでした。コロナが「5類感染症」に移行したあとも以前のようには面会してもらえないので継続して活用しています。

入居している認知症のおばあちゃんのご家族である息子さん夫婦とお孫さん二人でＺｏｏｍ面会したケースもありました。

おばあちゃんは施設内の専用ルーム、家族の皆さんはご自宅です。何を話されているかはなるべく聞かないようにしていますが、入居者に何かあっては大変なので近くに控えるようにします。

決められている時間が残り5分ほどになったとき、この家族は「おばあちゃんの大好きな曲をプレゼントするね」とバンド演奏を始めたので驚きました。ギターやキーボードなどが入ったそれなりに本格的な編成で、演奏されたのは「川の流れのように」でした。

おばあちゃんも喜んでいたようなので、こちらも楽しい気持ちになったものです。

1か月ほどあとにその家族が再びＺｏｏｍ面会されると、今度は別の曲を演奏されました。きっと練習してきたのではないかと想像されます。おばあちゃんも手拍子をしながら聴いていたので、いい家族だな、と思いました。

面会後、おばあちゃんに部屋に戻ってもらう際、「来月もまた違う曲を演奏されるんですかね？」と言ってみると、おばあちゃんからはこう返されました。

「あんなん、ほんまはいらんのや。わたしはべつに歌なんか好きやないから」

予想もしていなかった言葉でした。

Zoom面会中、嬉しそうに手拍子していたのは家族への気づかいだったのかもしれません。

認知症の人がどこまでのことを理解しているのかは判断が難しいところがありますが、こうして家族の気持ちに応（こた）えようと演技することもあるわけです。

大きな学びにつながるひと言でした。

Case #25

面会ができない寂しさ、
マスクで
表情がわからない怖さ……
コロナが残した教訓

コロナ禍で家族に面会できなかったことから、認知症が進んだ人も多かったといえます。月に一度くらい面会に来てくれていた人たちにずっと会えなくなってしまうことのショックはやはり大きかったのでしょう。

「新型コロナウイルス」という言葉を理解してもらえない場合も多かったので「命にかかわる怖い病気が流行っている」といった言い方をしていました。それでどこまで理解してもらえていたのか……。「うちの娘はいつ来るねん」、「こんなとこに閉じ込められてたらかなわん。出してくれ！」などとも言われました。**施設で暮らしている人たちにとって定期的に家族に会うことはそれだけ大きな意味を持つわけです。**

コロナ禍では、食事テーブルにアクリル板を設置したり、職員がマスクとフェイスシールドをするなど対応しました。

入居者の方々の困惑が大きいのはわかりました。アクリル板をはねのけてしまう人もいました。そういう人のために一人用のテーブルを用意して、壁や窓のほうを向いて食べてもらうようにしたこともあります。

職員がマスクとフェイスシールドをしていれば、誰なのかが判別しにくくなります。どんな表情をしているかもよく見えません。笑っているのか、怒っているのかもわからず、それが恐怖につながることもあったようです。

ぼくのようにふだんから大きな声で話していて、顔全体で笑っている人間はまだよかったものの、声が小さく、表情にとぼしい人は難しい面がありました。入居者を不安にさせてしまうので、お世話ができなくなることもあったくらいです。

大切な人にできるだけ会えるようにすること、いつも笑顔で接していることがいかに大切であるかをあらためて知りました。

年に一度や二度のイベントなどは大きな刺激になりますが、日常的な交流もそれとかわらないほどの意味を持っているんです。

5章

人が旅立つときまで立ち会えるのが介護の仕事です。

Case #26

〝最期の時〟が近づいたときから半年間支え続けた「かあちゃんのカレー」

いっさい何も食べず、水を飲もうともしなくなると、点滴だけが頼りになることがあります。しかし、点滴を長く続けていると、身体が受けつけなくなり、浮腫（むくみ）が出てきたり、点滴の針をさせなくなってきます。

そういう段階まできていたおじいちゃんの目がぱちりと開いて、少しくらいなら話せそうになったことがありました。もしかしたら、話せるのはこれが最後になるかもしれないと思えた瞬間でした。

そのときに職員が「何か食べたいものはないですか？」と聞いてみると、「かあちゃん（女房）のカレー」という言葉が返ってきました。

急いで家に電話をしてみると、奥さんはすぐにカレーを作って、タッパーに入れて持ってきてくれました。**さすがに食べられないだろうと思っていましたが、匂いだけでも嗅いでもらうことにしました。**

レンジで温め、スプーンですくって顔に近づけたら、ペロっと舐めたのだから驚きました。おじいちゃんの表情は瞬時に明るくなり、もっと食べたいというそぶりまでも見せたのです。

カレーライスにしてもいけそうなくらいの雰囲気でしたが、普通のごはんを飲み込むことはできません。そこで急きょ、ペースト状のお粥（かゆ）を用意してもらい、カレーをかけてみました。すると、「これちゃう」といった感じで反応は良くなかった。

もう少しだけごはんらしくしようか、と繰り返すこと5回。

のどに詰まったときにはすぐに吸引できるように看護師さんに来てもらい、それなりにごはんに近い状態のお米にルーをかけたものを出したらペロリと食べてしまった。

まさか⁉　という感じだったのに、二口め、三口めもいけたんです。

そうなれば奥さんも張り切ります。**それから毎日、カレーを作ってこられるようになり、同じような出し方をすると、やはり食べ続けてくれました。**

点滴も受けつけなくなり、もはや最期を待つしかないかと思っていたところから、カレーの日々が半年、続くことになりました。

そのカレーがどんなものだったかといえば、こういうパターンの話ではよくあるように何の変哲もないカレーです。昔ながらの〝かあちゃんが作るカレー〟です。市販の固形ルーを溶かしただけのような感じで、具材も少なく、とくに工夫しているようには見えない黄色いカレーです。

おじいちゃんは調子の悪い日をのぞき、毎日そのカレーを食べ続けました。

最後には再び何も食べられなくなりましたが、カレーによって半年間、寿命が延びたといっていいかもしれません。ギリギリのところで目を開けて、話ができるようになったからこそ起きた奇跡です。

Case #27

「家で死にたかったけど、ここならよかった」最後にそんな言葉を残してくれた方

食事をいっさいとれなくなった場合、いくつか選択肢があります。お腹に穴を開けて、そこに通したチューブを使って栄養補給する「胃瘻（いろう）」が比較的多い方法です。他にも医療手段はありますが、施設で行うのが難しいときには病院に移ってもらいます。**食事もできない状態での延命を望まず、自然なかたちで最期を迎えてほしいとなった場合は「看取り介護」をすることになります。**

終末期においても本当の最期が近づいてくれば、脈が弱って尿や便がほとんど出なくなるなど、なんとなくわかる場合が多いものです。そういうときには予感が外れてもいいと考えて、ご家族を呼ぶこともあります。

あるおばあちゃんの最期が近いと思われたとき。娘さんが毎日、会いに来ていました。コロナ前だったので、いよいよとなったときには、部屋に簡易ベッドを入れて泊まり込むことにしました。このとき、ぼくは夜勤だったこともあり、ひととおりの業務を終えたあとにはおばあちゃんの部屋に行きました。

こうしたときに母娘二人で過ごしたいという人もいますが、娘さんは「全然ええよ」と許してくれました。おばあちゃんが元気だった頃から、ぼくはおばあちゃんにかわいがってもらっていたんです。

朝の5時くらいになり、娘さんは「ちょっと朝ご飯でも買ってくるから、見ていてくれる？」と言って近くのコンビニに出かけました。

おばあちゃんとぼくの二人きりになると、それまでひと言も発することなく眠っていたおばあちゃんが突然むくりと起き上がりました。

「ほんまは家で死にたかったけど、あんたもいてくれるし、ここならよかった」

それだけ口にすると、すぐに身体を倒しました。数日前からほとんど目を開けず、口もきかない状態だったので、信じられない瞬間でした。

その後にまた目を閉じられたあと、娘さんが戻ってくると、息をしなくなりました。看護師にも亡くなっていることを確認してもらいましたが、おばあちゃんはいつ息を引き取ったのか……。娘さんが戻ってくる直前だったのか、娘さんが戻ってきたのを確認してからだったのか。わずかな差だとはいえ、そこはわかりませんでした。最後にこうした言葉を聞かせてもらって嬉しかったのはもちろんですが、娘さんが戻ってきてから亡くなったのだと信じたい気持ちはありました。

亡くなる人が自分で死に時を選ぶことがあるという話はよく耳にします。大事な人が枕元に駆けつけるまで待っていたとか、何かの記念日を命日にしたくないので1日頑張ったとか……。実際にそういうこともあるのだとは思います。でも、本人の意思でそれができるのかはわかりません。結果的にそうなったときには美談になるので、話が伝わりやすいのではないかというのが個人的な見解です。

実際のところ、あと数日で100歳になるのにその前に亡くなってしまった、というたケースも珍しくはありません。思いどおり死に時を選べるわけではないのです。

ぼく自身、祖母、母親、父親と続けて亡くなる時期があったんですが、誰の最期も看取れませんでした。ドラマチックな話もある一方、現実的な結末がつきつけられるケースも多いと思います。**予想できないからこそ、その日を後悔なく迎えられるような日々を過ごすしかできることはないのだと思います。**

亡くなる寸前にわずかであっても言葉を残してくれる人はいますが、どちらかというと稀（まれ）です。ただし、いよいよ危なくなってきた頃に一度、意識がしっかりして話ができるようになったり、食事をとれるようになったりするケースはわりとあります。とはいえ、先ほどのカレーで回復したおじいちゃんのようにそのまま良くなっていくケースは例外的です。いったん元気になられると、かえって「最期が近づいているのかな」とも予感されやすく、実際にそうなることが多いものです。

終末期というわけではないですが、認知症の人でも似たことはあります。

それまでは何を言ってるのかわからず、話がまったく通じていなかったのに、突然、人が変わったようにしっかりしてくれる。スイッチが入ったように話を始めて、会話も成立します。そういうスイッチがいつ入るのかはまったく予期できず、いつも突然です。

Case #28

最後まで妻の
世話をしていた夫が
先に亡くなり、
後を追うように
亡くなった方もいました

奥さんが重度の認知症で「そばで見ていたい」というご主人と、夫婦で入居されていたケースがありました。90歳前後の夫婦です。

その施設は全室個室だったので、それぞれに部屋が割り当てられていましたが、ご主人は奥さんの部屋のベッドの脇にマットレスを置いて、ほぼ奥さんの部屋で生活されていました。施設の職員がやるのは入浴介助とオムツの交換くらいで、食事の介助や着替えなど、ほとんどのことはご主人がされていました。

「女房の言うことはなんでも聞いてやりたい。ずっと俺が世話をする」という言い方をしていました。

奥さんは「あ〜」とか「う〜」とかいった声しか発することができなくなっていたのに、ご主人は奥さんが何を言いたいのかがおよそわかっていたようです。

しかし、ある時期から奥さんは、ほとんど食事を口にされなくなってしまいました。そうするとご主人は「施設で出してるものがまずいからや！」と激怒しました。実はこのご主人、身長が180センチくらいあり、顔がものすごくいかつく、女性職員たちが怖がるくらいの人だったんです。

この一件があってからは、男のぼくが対応することを増やしました。

いろいろ話をしているうちに、ご主人はぼくに心を開いてくれるようにもなりました。戦時中の話や奥さんとのなれそめなどを聞かせてもらいました。奥さんにはずいぶん迷惑をかけたので「やれるだけのことはやりたい」とも話していました。

その後、奥さんの体調が悪くなって入院することになり、しばらくはご主人だけが施設に残るかたちになりました。そのときご主人は「ほんまのこと言うと、しんどいときもあるねん」と、ぽつりと漏らしていました。

だからというわけではありませんが、退院された奥さんが施設に戻ってくると、食事介助など、それまでご主人が一人でやっていた奥さんの身の回りのお世話をやらせてもらえるようになりました。ぼくたちのことを信頼してくれるようになったからだと思います。奥さんのお世話を任されてからは、ぼくたち職員も、「あ〜」とか「う〜」とかの意味がなんとなくわかるようになってきました。長く介護をしていると、こうしたコミュニケーションが可能になることはそれなりにあります。介護士冥利(みょうり)といえるかもしれません。

そうした状況にご主人も安心されたのか、ずっと奥さんの部屋につきっきりでいるのではなく、ご自分の部屋にいる時間もつくるようになってきました。

もともと、ものすごい読書家で、奥さんの部屋にいるときも本を読んでいることが多く、本が山積みになっていたくらいでした。自分の部屋にいるときもおそらく本を読んでいる時間が長かったんだと思います。


そんなある日、ぼくが出勤すると「ご主人が亡くなった」と聞かされました。

何の前触れもない突然のことだったので、言葉を失いました。とくにどこかが悪いということはない人だったのですが、老衰に近い心不全だったようです。

娘さんに連絡すると、通夜や葬式に出席させるのは難しいので「母親には父の死は知らせないでおく」と決められました。

それでも奥さんは何かを感じていたのかもしれません。それから1週間後、やはり何の前触れもなく亡くなったんです。

自分たちの介護に落ち度はなかったかと職員みんなが考えましたが、ドクターが言うには老衰とのことでした。それだけ自然死に近かったということです。

施設にやってこられた娘さんがぼくたちを責めることはありませんでした。

それどころか、やさしい表情でこう言いました。

「こうなる気がしていました。ずっと二人は一緒でしたから」

かなり以前の話なのに、ご主人の笑顔と、ご主人にだけ見せていた奥さんの笑顔は忘れられません。伴侶(はんりょ)に先立たれたあと、残された側が元気になり長生きするという話も聞きますが、このご夫婦のように連れ立つように亡くなるケースもあります。

Case #29

夫婦で入居し
先立った妻。
残された夫に
おこった驚きの変化

ご夫婦で入居されていたケースは他にもあります。

二人とも認知症になっていながら奥さんのほうが症状が進んでいた例もありました。1日中、わめき散らすようになっていたので、ご主人のほうは、迷惑かけて申し訳ないという感じで職員を気づかってくれるようにもなっていたんです。

しばらくすると、奥さんの身体が弱っていき、亡くなりました。

仲がいいご夫婦だったので、残されたご主人が心配でしたが、反動のようにセクハラを始めました。女性職員の身体を触ろうとしたり、入浴介助をする職員に「一緒に入らんか」といった言い方をするようにもなったのです。

認知症も関係しているのかもしれませんが、施設でのセクハラは少なくありません。

セクハラがあれば正当に対処しますが、この人は奥さんを亡くしたばかりでもあり、ご家族にも相談しにくかった。そのため、この人のお世話は男性職員だけでするように切り替えました。

職員へのセクハラはなくなりましたが、そのうちこの人は、ある入居者に接近していくようになりました。相手は、足が悪く車椅子を使っていた認知症の女性です。車椅子を押してあげたり、足をマッサージしてあげたりするようになったんです。女性も、迷惑がるというよりは、それを受け入れているような様子でした。

施設内でもプラトニックに交際されるなら、とくに問題視されることではないので、双方のご家族に相談することにしました。最初はどちらのご家族も難色を示されていましたが、なかば公認ということになったんです。マッサージをしてあげるくらいはあっても、それ以上、発展するわけでもありません。入居者が集まる部屋で、手をつないでテレビを見ているなどして、仲良く過ごされていました。

奥さんが亡くなられてそれほど時間が経たないうちにそういうふうになったことをどう受け取るかは微妙ですが……、はたから見れば微笑ましいカップルでした。

Case #30

〝人生の最後の時期〟を過ごし、世を去る瞬間に立ち会うということ

施設のなかでも特別養護老人ホームがぼくは好きです。「要介護3以上」で、在宅での生活が困難な高齢者を対象にした施設なので、認知症や寝たきり状態の人がほとんどです。24時間365日、施設で生活されているので、〝人生の最後の時期〟を、ご家族より密に過ごすことになります。

入居者の皆さんは大抵、ぼくたちを頼って、あまえてくれます。期待に応えたいと、こちらが頑張れば、喜びを示してもらえます。施設の性格上、お世話をしてきた人たちを看取る機会はどうしても増えます。

何度経験しても毎回つらいのはもちろんです。密に関わらせてもらった人ほどつらいものです。でも、そのたび感じることや学べることはあります。

赤ちゃんが生まれてくるときに立ち会えるのは限られた人だけです。**それと同じようにこの世を去っていかれるときに立ち会えるのも限られた人間だけです。**家族や親せきを除けば看護師か介護士くらいでしょうか。

ありがたいな、とぼくは思います。

入居者の死を引きずることはあまりありません。悲しみを引きずるような時間的余裕がない、というのが正直なところで、目の前の入居者の方々の介護に追われてしまうためです。**ふとした拍子に思い出すことはありますが、思い出の中にいる人たちは、いつも笑っています。**

思い出されるエピソードのほとんども笑える話になっています。

いろんな困りごとにも直面してきているわけですが、そのときそのときは、笑う余裕などはありません。**どうすればいいかと必死に考えていたものです。**しかし、困った行動を見せていた人が亡くなられた後は、苦労そのものはあまり思い浮かびません。あらためて振り返ってみれば普通に笑える話になっているんです。

いい思い出だけでなく、つらい記憶が積み重なっていくことを乗り越えられない人はこの仕事を辞めるのでしょう。でも、ぼくは辞めたいと思ったことはありません。ありがたいなという気持ちのほうが圧倒的にまさっているからです。

Case #31

どの場面が
〝最後の記憶〟に
なるかはわからない。
その記憶に
どう残りたいか

自分の身内が続けて亡くなったときには誰も看取れなかったと書きました。「すぐに来てください」と病院から連絡をもらって駆けつけても、いつも間に合わなかったんです。

最初がおばあちゃんでした。誤嚥性肺炎になったことから入院していたところから違う病院へ移されましたが、その日のうちに亡くなりました。

ぼくがおばあちゃんを最後に見たのは、転院前の病院でした。看護師さんにベッドの上で髪をとかしてもらいながら気持ち良く寝ていた場面を覚えています。

看護師さんの名前も知らず、そのとき見かけただけですが、映像のように記憶しているので、記憶の中には常にその人が存在しています。

ぼくと同じような記憶を持たれている人も少なくないのだろうと思います。

とくべつ意味を持つ場面ではなくても、施設で最後に面会したときや病院で最期の瞬間に立ち会ったときなどの記憶です。

一枚の写真のようなものです。

誰かの記憶の中には、ぼくにとっての看護師さんのように、ぼくの姿が残っていることがあるかもしれません。

「前髪をまっすぐに揃えていて、変なメガネをかけてるおっさんの介護士がおったな」となったとき、その介護士が笑顔でいるのか、困った顔をしているのか、不機嫌な顔をしているかによって印象はずいぶん違ってくるはずです。

大切な記憶の中に残る可能性が常にあるのだと考えたなら、どんなときでも悪い記憶にならないようにふるまっていたいなと気が引き締まります。

最後の記憶というのは人それぞれに大事なものだと思いますから。

6章

今、介護で大変な思いをされている方へ

在宅介護でいちばんつらいのは、「排泄の介助」より「コミュニケーション」なんです

大変なことが多いとされる介護ですが、具体的に何がつらいのでしょうか。いろいろな調査リポートを見てみると、

1. 身体的負担
2. 精神的負担
3. 時間的な負担
4. 経済的な負担

などが挙げられています。

寝たきりの人の介護には思いのほか体力を要するものであり、トレーニングを受けなければ腰などを痛めやすい。介護士の研修では、最小限の力で相手の身体を動かす

ための「ボディメカニクス」を学びますが、こうした理論を知っているかどうかでまったく違ってきます。

具体的につらい行為としては、

1．コミュニケーション
2．排泄(はいせつ)の介助
3．食事の介助

などが挙げられやすいようです。

排泄の介助は、トイレの介助になるか、オムツを使用するかによっても違ってきます。作業そのものが大変なうえ、汚物処理に抵抗がある人も多いようです。

「身内の汚物なら大丈夫」と思えるかどうかは、慣れや努力だけでなく、生まれもっての感覚が大きいのかもしれません。ダメな人はダメでも仕方がないことです。

介護職を志して専門学校で3年間、頑張って勉強していながら、実践の初日で排泄介助をすることになり、挫折(ざせつ)する人もいます。ウンチの臭いがどうしても無理だという人にとっては乗り越えられない壁になるようです。

この点については個人差なんだと思います。ぼくなどは、トイレの介助をしていて、座るのも難しい人がいいウンチをしてくれたときにはガッツポーズをしてしまうこともあります。他人のウンチを見て喜べる職業は他にないのではないかと思います。

在宅介護においても排泄介助は避けがたい行為になります。

親、義理の親、あるいは伴侶(はんりょ)などのトイレ介助かオムツ交換がマストになりやすいということです。

排泄の介助以上に難しいのがコミュニケーションです。

こちらもやはり、身内だから大丈夫だと思われるかもしれませんが、なかなかそうはいきません。

認知症が進んでいたり、失語症になっていたりすると、たとえ家族であっても「何を考えているのか」、「何をしてほしくて、何が嫌だと感じているのか」がわからないものです。

家族であるだけに余計に戸惑いも大きくなりやすいのではないかと思います。

よかれと思ってやっていることに激しく抵抗されるケースが続けば、相手がどれだけ大切な人であってもイライラすることはどうしても増えます。

うまくコミュニケーションが取れないのは本当につらいことです。

なんとか在宅介護でやっていこうと考えていた人でも、「やっぱり無理かな」となる理由のひとつはここにあるのだと思います。

我慢や努力が足りないなどと責められることではありません。

介護士にとってもコミュニケーションは一番の課題

コミュニケーションには介護士も苦労します。

とくに特別養護老人ホームは認知症の人が多いので、そう感じやすくなります。言葉で意思確認ができないなかで、思わぬ反応を受けたり、理解しがたい行動をとられることが続きます。

毎日が戸惑うことばかりなので、自分を不甲斐なくも感じます。

慣れてくれば、少しずつ相手の気持ちを理解できるようにもなっていきますが、そこまでたどりつくのはなかなか大変です。

十分なコミュニケーションを取れないことを前提にしておくべきだと理解していても、想像を超えた反応が続けば、精神的疲弊はどうしても大きくなります。

どんなことが起きても動じないようにするには耐性をつける必要があるものなのに耐性をつけるには時間がかかります。

そのため、高い志で介護士を目指した人でも、仕事を続けていくことに挫折するケースが多いのではないかと思います。

それだけ難しいことを、経験がない状態でしていくことになるのが在宅介護です。

色々なストレスがあり長続きしない人が多いのもわかる大変な日々……

参考のため、介護士の仕事では何がつらいかについてもまとめておきます。
各種調査結果などを見てみると、

・人間関係
・収入の少なさ
・仕事のつらさ
・夜勤が組まれることなどの労働条件
・看取りのつらさ

などが挙げられる場合が多いようです。

個人的な意見としては、つらいというより「難しい」という意味ではやはり、入居者とのコミュニケーションがまず挙げられます。

それも「人間関係」に含まれるのでしょうが、「職場内での人間関係」をつらいと考える人も多いようです。仕事内容を問わず、どんな仕事であっても職場の人間関係で悩む人はいるのだと思います。介護職はストレスの多い仕事であるだけに余計に摩擦が起きやすいのかもしれません。

ぼくは、介護部長という役職をもらって新しい施設で働きだしたことがありました。そのときは最初から、職員たちに「お前、誰やねん！」という顔をされました。役職があるからといって高圧的な態度を取ったりはしないで、ベテラン職員に無視されても笑顔を返していたのに、なかなか受け入れてもらえませんでした。

その施設に入って1か月も経たないうちに、通勤で使っていた原付バイクのヘルメットを燃やされてしまいました。

燃えカスとタバコの吸殻2本が残されていて、中が焦げた程度で済みましたが、本当に悔しかったし、悲しかった。

放火犯が誰なのかもわかっていましたが、あえて追及はしないで普通に接しました。

そして、それまで以上に、施設内の誰に対しても笑顔で接して、現場でも〝自分の信じる介護〟をやり通そうと決めたのです。

ヘルメットを燃やされたからこそ覚悟を決められた部分がありました。

その施設には7年勤めたあと、別の施設に移りましたが、教訓の意味を込めて、このときのヘルメットは今も被（かぶ）っています。

「介護士」は資格ではなく、「介護福祉士」が国家資格

収入の低さはこの業界が抱える大きな問題のひとつです。

ぼくは29歳で介護士になりました。その時点での収入はやはり少なかったといえま

す。3年で介護の責任者に選ばれると、他の職業の人たちと比べてそれほど見劣りはしなくなったので、運がよかったのかもしれません。それでも今、ぼくの年齢で一般企業の管理職をしている人などに比べれば収入は少ないほうなんだろうと思います。

「介護士」は、資格などが求められる正式な名称ではありません。施設で介護を担当する職員の総称です。

3年の実務経験を積んだうえで研修を受けて国家試験に合格すれば、「介護福祉士」という国家資格を取ることができます。

施設によっては、介護福祉士でなければ正職員として採用されないところもありま す。正職員になれたとしても、資格がなければ役職に就けるケースはあまりないはずです。ぼくの場合は、3年で責任者になった時点で、すぐに介護福祉士になることが義務付けられました。

介護の仕事が好きで、続けていきたいのであれば、資格を取り、施設内で認められて役職をもらうことを考えるのもひとつの方法です。出世や高収入を目指す意識が強い人にはそもそも向かない仕事なんだろうという気はしますが、一定の収入を得るためにはそういうことも頭に入れておくべきなのかもしれません。

ぼくは介護士という仕事が大好きです。でも、普通の感覚でいえばやはり〝つらい仕事〟の上位に入るのだろうとは思います。

非常に残念なことに、介護士が入居者に暴力をふるい、事件化するケースがあります。ぼくの周りではそういう例はありませんが、報道を見るたびに悲しくなります。

在宅介護であっても無関係ではないはずです。

コミュニケーションがうまく取れないなかであまりに手がかかることから感情をコントロールできなくなるのだと想像されますが、どんな理由があっても相手に暴力をふるうことは許されません。介護士であれ家族であれ、責任が問われるべきなのはもちろんです。

暴力に関するニュースを見たときには〝環境が違ったらどうだったろうか〟と考えることがあります。施設では、一人で何十人もの入居者のお世話をすることが多くなります。何の言い訳にもなりませんが、手が回らず、日頃からいっぱいいっぱいになっている状況が背景にあるのだと考えられます。

他の介護士たちがどのように対応しているかを見ている影響もあるのでしょう。大変な環境においても、周りの介護士たちが丁寧な対応でやれるだけのことをしていればお手本にできます。しかし、他の介護士たちが乱暴なやり方をしていれば、悪いお手本として「あれでいいんだ」と思ってしまいかねません。そういうところからエスカレートしていくケースもあるのではないかという気がします。

間違った方向に行きかけている介護士がいたとき、周りが気づいてフォローができるかどうかでも違ってくるはずです。

大切なのは、精神的に追い込まれている人が出ないようにすることです。

認知症の入居者の対応に困っている介護士がいれば、その介護士だけに任せておかないで、みんなでどうしていくのがいいかを考えていく。常日頃からそういう現場になっているかが問われます。

どんな状況であっても暴力をふるうことは許されない

在宅介護も無関係ではないと書きましたが、介護する側はとにかく追いつめられやすいものです。

在宅介護の場合、相談する相手もなく、一人きり、もしくは家族の中だけで問題を抱え込むことになりがちです。

介護士であれば、施設でつらいことがあっても、家に帰ればとりあえず解放されます。しかし、在宅介護では〝逃げ場〟がなくなります。24時間365日、傍にいて、関わり続ける必要があるからです。

介護うつになる人もいれば、最悪の場合、介護疲れから心中を考える人が出てくることもあります。

自分がそうはならないと過信しないことです。

介護は本当に大変なので、自分（自分たち）だけでやっていこうとしないで相談相手や協力してもらえる人を探すようにするのがいいと思います。

周りの側でも、大変そうなのに気づいたときには介護者を孤独な状態にさせないように考える。そういうことが大切になってきます。


在宅介護をする場合、介護者には自分の人生を最優先にして、できる範囲のことを考えるようにしてほしいと思います。

施設に預けようかと迷ったとき、当人が嫌だと言うことは多いでしょう。親や伴侶であれば、本人が嫌がるのに無理には施設に預けられない、となりやすいものです。

また、施設に預けることを姥捨て山のように言う人もいるので、親せきなど周囲の目を気にしてなんとか頑張ろうと考える人も少なくありません。

実際にやっていけたならいいのですが、無理がたたれば、取り返しがつかないことにもなりかねません。

共倒れになることだってあり得ます。**そうならないように、無理なものは無理として、自分の人生を大切にしてほしいというのがぼくの考えです。**周りに頼ることが必要なとき、頼っている自分を責めないでほしいのです。

自分たちだけでなんとかしようとするのではなく、ケアマネージャーや地域の窓口に相談するなどして、最善の方法を探るようにしてください。

認知症がどこまで進めば、施設に入れることを考えるべきなのか。

この境界も難しいところではありますが……。

勝手に家を出て徘徊（はいかい）するなど、外で他人に迷惑をかけてしまう可能性が高くなっていないかどうか。

家で介護しようとしたとき、どこまで大変で目が離せなくなっているのか。

介護のために在宅を基本にしても、仕事や生活は大丈夫なのか。

そういった要素を確認していくのがいいのではないかと思います。

なんとかやっていけるだろうと考えていても、認知症が進んでいくことで、状況が

どんどん厳しくなっていく場合が多いのは忘れないでください。

フリーターだった25歳のぼくは突然、おじいちゃんの介護をすることになった

ちょっとだけ、自分の話もさせてください。ぼくは25歳のときに突然、自分のおじいちゃんの介護をすることになりました。これが、介護士になろうかと考えたきっかけのひとつでもあります。

そう書くと大変なことはなかったのかと思われるかもしれませんが、そんなことはありません。

何の経験もないまま試行錯誤の日々を送ることになりました。ぼくなりに苦労はしたので、在宅介護をしている人の気持ちはよくわかります。

別の家で暮らしていたおじいちゃんが雨に濡れながら公園で立っているところを保護されて、警察からうちに連絡がきたのが始まりでした。

その段階で認知症はかなり進んでいました。

母方のおじいちゃんでした。おばあちゃんが早くに亡くなっていたこともあり、おじいちゃんはぼくが生まれた頃には他の女性と住んでいました。そういう呼び方が適切なのかはわかりませんが、家族の認識としては〝愛人〟でした。

うちに連絡がきてからわかったことですが、おじいちゃんは脳梗塞を起こしていたようで、その後遺症として認知症を発症したのではないかということでした。

おじいちゃんが住んでいた家に行ってみると、愛人はすでに去っていて、家は荒れ放題でほとんどゴミ屋敷と化していました。

みつかった通帳の残高は１０３円でした。

とにかくうちで引き取るしかなく、当時、フリーターだったぼくが介護をすることになったんです。

このときの実家は、父と母、父方のおばあちゃん、妹とぼくの五人暮らしでした。父と母の関係は最悪で、一緒に住んでいながらいっさい口はきかない状態でした。

血縁的には他人となるおばあちゃんにおじいちゃんのお世話を任せるわけにもいきません。母と妹は定職についていたこともあり、アルバイトの時間の都合をつけやすかったぼくがおじいちゃんをみるしかない、ということになりました。

このときのおじいちゃんは、右半身に麻痺（まひ）があって歩くのも不自由で、目はうつろで口元からはいつもヨダレを垂らしていました。「あ〜」や「う〜」くらいしか話さなくなっていたので、考えていることもわかりません。

そんなおじいちゃんのお世話をしていくことになるのかと正直、途方にくれたものでした。

おじいちゃんが発見されたあとに母が申し込んでいた老人ホームが入居を認めてくれたので、おじいちゃんとの生活は1か月ほどで終わりましたが……、その1か月間は、初めての介護に四苦八苦することになったのです。

何をどのようにすればいいのかがまったくわからない……
1か月の在宅介護で大変だったこと・学んだこと

おじいちゃんの世話をすることになった段階では、介護の知識はまったくありませんでした。**そのため、オムツってどこで買えばいいのか……といったことから始まり、戸惑いの連続になりました。**

オムツには、一般の人がイメージするオムツに近い「テープ止めタイプ」のほかに「パンツタイプ」のものもあり、「インナー」と呼ばれる内側につけるパッドもあります。何を買って、どう穿いてもらえばいいかもわからなかった。

自分で立ったり座ったりはできるのだからパンツタイプがいいのかな、ということで穿いてもらっていたら、トイレで脱ぐのに時間がかかり、脱ごうとしているあいだにおしっこやウンチが出てしまったこともありました。

オムツはしていても、基本的にトイレで用を足してもらうようにしていたのに、おじいちゃんはトイレがどこなのかもよく理解していません。

ぼくの部屋で寝てもらうようにしてたんですが、部屋のゴミ箱におしっこをされたこともありました。

そんなときには正直、「ナニしてくれんねん！」と思ったものです。それでも、「ああ、認知症だとこういうことをするんやな。トイレには定期的に連れて行く必要があるんやな」などと学んでいったんです。

トイレに連れていけば、便座に座って大便もします。でも、お尻を拭くことはできなかったので、ぼくが拭いていました。

不思議と抵抗はなかった。**これはもしかすると努力でどうなるものではない持って生まれた適性なのかもしれません。**大丈夫だったからこそ、この後、介護士を目指す気になったのだともいえます。介護をやっていけるかどうかを分ける最初の関門です。

トイレに連れて行くときには、家の構造上、おばあちゃんが寝ているそばを通らなければならなかったのも難しいところでした。おばあちゃんは、認知症で話もできないおじいちゃんを怖がっていたからです。

ぼくが傍にいないときにおじいちゃんがうろうろすると、おばあちゃんもパニックになりかねないので、目を離すことができず大変でした。

トイレのほかでは入浴介助も難しかった。

どこまでをどう手伝えばいいかわからなかったし、少し間違えば転倒して頭などを打ってしまうかもしれません。そういう怖さがありました。

何を考えているかわからないおじいちゃん、それでもかわいいと思えるところがあった

何を考えているのか、何がしたいのかは、なかなかわかりません。

しかめっつらをしたり、笑ったりすることはあったので、機嫌がいいのか悪いのか

といったことくらいはわかっても、今何がしたいのかまでは読み取れない。夜中に突然、立ち上がったのでトイレかと思ったら、違った……ということはしょっちゅうでした。

介護士として経験を積んだことで、今は他人であっても何を望んでいるのかが想像できる部分もありますが、この頃は身内であっても何もわからなかった。**そのような歯がゆさは、多くの人が感じることではないかと思います。**

ただ、いつも斜め上を見ながら「あ〜」、「う〜」と言ってるおじいちゃんがかわいらしく感じられることはありました。

ぼくが子供の頃には、時々、おじいちゃんと会っていましたが、怖くて難しい人というイメージが強かった。**でも、ひさしぶりに会うおじいちゃんは、昔の印象とはまったく違う人になっていたんです。**

認知症になっていたこともあってか、憎めない存在になっていた気がします。

何をすればいいかがまったくわからない介護は大変だったけど、想像もできないことに振り回されながら、なんとか対応していくことが嫌ではなかった。そのため、自分はこういうことに向いているのかもしれないと思うことができたんです。

ただ、それも在宅介護が1か月で済んだからなのかもしれません。**長く続いていたなら、やはり疲弊していた気はします。在宅介護はそれだけ大変です。**

ぼくは、おばあちゃんの介護をあきらめた。その悔いはいつまでも消えない

一緒に暮らしていたおばあちゃんもやがて認知症になりました。

症状が進んでいくと幻覚がひどくなり、「家に知らない女があがりこんでる」、「ベッドの下にヘビが入りよった」と騒ぎ立てることが多くなっていったんです。

被害妄想も出たようで、家に来てくれていたヘルパーさんには「お金を盗んだやろ」と悪態をつき、デイサービスの送迎員さんを殴ろうとすることも出てきました。

施設に入れるかどうかと悩みました。

しかし、経済面で厳しかったうえ、暴言や暴力が目立つようになっていたので施設でも受け入れてもらえないのではないかと悩んでいたんです。

そんな中で〝事件〟が起きました。

夜に「息子が埋められてる」と叫んで（父の名前を口にしていました）、アパートの土壁を杖でがんがん叩いて壊し、警察沙汰になったんです。

翌日、認知症の先生に相談したことで、精神科の病院に入院させてもらえることになりました。病院に受け入れてもらえたことでは、ぼくも父もホッとしました。

そのことが、ぼくにとっては〝大好きなおばあちゃんの介護をあきらめた〟という後悔になっているんです。


少し話を遡ります。保護されたおじいちゃんの介護をしていた頃は、家族みんなで暮らしていましたが、その後、母は父と別れて、妹を連れて家から出ていきました。それからすぐにぼくも結婚して家を出ました。

二人暮らしになった父と祖母は、安いアパートに移りました。父はこの頃、タクシーの運転手をしていて、2日に1回は夜勤だったので朝まで帰らなかった。そういう日にはおばあちゃんが一人で夜を過ごすしかない状況になっていたんです。

当時のぼくは介護士になっていたので、毎日、見に行くことはできなかったんですが、近くに住んでいたので、行けるときにはできるだけ行くようにしていました。

最初のうちは家事なども自分でできていたので話し相手になる程度で済んでいたのに、そのうち認知症がどんどん進んでいってしまった。おかしいと感じてからは速かったといえます。そういう中で事件が起きたんです。

施設では認知症の人が相手でも、比較的うまく対応できていたので、それなりの自信をつけはじめていた時期でもありました。それでいながら、自分のおばあちゃんがそうなるまで手を打つことができず、精神科の病院に入院できたことで安堵（あんど）したわけです。そういう自分を責める気持ちは消えずにずっと残っています。

思いのほか認知症が進んでいることにもう少し早く気づいていて、おばあちゃんを一人きりにしないでいたなら、なんとかなったかもしれないとも考えます。

介護士の自分でもそういう後悔をつくってしまうほど在宅介護は難しいということです。できるだけ先生に診てもらうようにして、施設への入居や入院も選択肢に入れていく。そういうことがいかに大切であるかを思い知りました。

両親に対しては何もできなかった……親孝行しておきたかった後悔は大きい

母親と父親については介護をすることはありませんでした。

母は本当に苦労した人です。父が浮気をくり返したうえに会社を倒産させて、多額の借金をつくっていたんです。働き続けて借金を完済したあと、父と別れて妹と一緒に出ていきました。

いつからかはわかりませんが、胸にしこりがあるのに気づいていながら、それを隠して働き続けていたようです。

仕事中に倒れて病院に運ばれました。

「末期の乳がんで、余命は3か月です。ここまで進んでいれば、ものすごい痛みがあったはずなんですが……」と先生に言われたときには言葉を失いました。

病院のベッドで眠る母親とは数か月ぶりの再会でした。ずいぶんしわくちゃになっている印象を受けました。それでも母は「心配かけたな。でも、ちゃんと治してまだまだ生きるから安心しいや」と笑いかけてくれました。

その後、なるべくお見舞いに行くようにはしていましたが、日に日に弱っていくのがわかりました。

「あたし、死ぬんかな？　死ぬのは怖いわ」と呟(つぶや)いたときの、おかんらしくない気弱な顔は忘れられません。

余命は3か月ではなく1か月で尽きました。

連絡を受けて病室に駆けつけたときにはすでに息を引き取っていました。

おかんに対してぼくは何もしてあげられなかった。最後にお世話をすることも含めて、何の親孝行もできなかった後悔はすごく大きなものになっています。

死ぬまでタバコを吸っていた父を見送った後に思ったこと

父が亡くなったのは翌年でした。

いい、いいオヤジの闘病は、肺がんが発覚したことから始まりました。摘出手術には成功しましたが、のどに転移していたこともあり、4年間、がんと闘うことになったんです。最後は、痛みの緩和を目的に入院していた病院で息を引き取りました。

その日の朝、ぼくは自分の子供二人を連れて見舞いに行ってたんです。そのとき父は、看護師さんに車椅子を押してもらって外に出て、タバコを吸っていました。父の背中はものすごく小さく感じられ、「死ぬまでタバコを吸うのか」とあきれたものです。

それでも父は、孫たちに対して笑顔を見せていて、売店でお菓子を買ってあげたりもしていました。そのうち看護師さんに「お風呂(ふろ)の時間です」と言われて、孫たちにはバイバイと手を振りました。

それが生きている父を見た最後になりました。

病院を離れたあと、夜中になって緊急連絡を受けて駆けつけましたが、間に合わなかった。

「晩ご飯のあとも一服してたんですよ」

朝に会っていた看護師さんがそう教えてくれました。

オヤジが「あの子、オレに気があるみたいや」と言っていたのを思い出しました。昔からずっと女性にだらしなかった男ならではの勝手な思い込みです。

バカな人だな、と苦笑しながらも、幸せやったんやろうな、とも思いました。

父を送る際には、棺にタバコをひと箱入れておきました。

オヤジのことは憎んでいた時期もあります。それでも、最期の時が近づいていくなかで、悪くばかりは思わなくなっていました。くそオヤジだったのは間違いなくても、少しは親孝行をしたかったなという後悔が残りました。

親に対して、できるだけのことをできるうちにやっておくことは大切です。
ですが在宅介護が難しければ、施設に親を預けるというのは正しいことだと思います。**自分のため、親のため、双方を考えても施設を利用する選択肢は持っていてほしいところです。**

一方で、預けたらそれで終わりというように見向きもしなくなるお子さんたちや、たまに面会に来たかと思えば弱っている親を怒鳴りつけている人などもいます。それぞれ事情があるのだろうということを頭では理解しつつも、そういう場面を見せられたときには、どうしても複雑な気持ちになってしまいます。

〝いい施設〟か〝悪い施設〟か、見分けるポイント

個人的な話が長くなりましたが、在宅介護にするか、施設を利用するかは、さまざまな角度から考えて慎重に判断してほしいところです。

施設を利用しようと決めたときには、できるだけ〝いい施設〟を選びたいのは当然です。

その際にはどういうところがポイントになるのでしょうか。

偉そうなことを言える立場ではありませんが、最初に相談に行った際に、どのくらい親身になって話を聞いてくれるかはまず大きいはずです。窓口になるのは相談員など、直接、介護には当たらない人だとしても、施設として入居者にどのように向き合っているのかは、そうしたところにもあらわれるものだからです。

建物が新しいか古いかといった部分だけでは判断しないほうがいいかもしれません。**建物は古くてもキレイにしている施設は好感が持てます。**

建物に入ってすぐ、嫌な臭いがするようなところはどんなに建物が立派でも、大丈夫かなと疑ってみてもいい気はします。

ぼくのようにキャリアが長くなっていると、他の施設に行ったときにも、エレベーターで入居者のいるフロアに降りた瞬間に感じるものがあります。**「明るい感じがするな」、「雰囲気が暗いな」といった単純なことですが、一般の人でも何かしら感じることがあるのではないかと思います。**

直感や第一印象はそれなりに大切にしてもいいのではないでしょうか。

施設内には、入居者が書いた習字などが張りだされていることも多いのですが、そうした掲示物がどこに張られているかも気をつけて見てみてください。**入居者には車椅子を利用する人が多いので、車椅子の目線に合わせて、低いところに張られているなら、入居者のことをよく考えている施設だと考えられます。**

掲示物が破けていたとき、補修しているか、そのままにしているか、といった部分でも気配りができているかがわかります。

職員の数も気になるところなのでしょうが、昼間であれば、どこの施設でもそれなりのスタッフがいるものです。9時から17時の時間帯で働きたいパートさんが多いからです。

知っておいたほうがいいのは、朝夕の食事の際にパートさんなどがいるかどうかです。一番忙しい時間帯の人数体制が整っているのかを聞いてみるのがいいと思います。

食事が美味しいかどうかも入居者にとっては重要なことですが、好みに合うかどうかは実際に食べてみなければわかりません。

食事に限らず、職員の説明を聞いたり、パンフレットを見たりしただけでは判断しにくい要素はあります。

夜間の対応はどうかといったこともそうですが、疑問が残る部分があるなら、1泊か2泊のショートステイをしてみるのもお勧めです。職員が日頃からどのように入居者に接しているかといったことがそのままわかります（ただし、すべての職員が同質の対応をしているとは考えないほうがいいでしょう）。

実をいうと、ショートステイは、施設側としても、入居者や家族を見極めるための貴重な機会になっています。

「ここまで認知症が進んでいると、うちでは対応できない」、「他の入居者に迷惑がかかる」といったことからお断りするケースもあるからです。

ある意味、お互い様です。

施設選びにはそれなりに慎重になってもいいのではないかと思います。

オムツの中におしっこやウンチをしていても決められた時間まではオムツ交換をしない施設もあった

ぼくが介護士になろうとした際、ホームヘルパー2級という資格を取るため、ある施設に研修に行きました（現在の介護職員初任者研修）。**その際にはいきなり〝良くない施設〟の例を見せつけられた気がします。**

午前中などにフロアの入居者ほぼ全員が集められるスペースがあり、初日からすぐ、そこで「入居者とコミュニケーションを取っているように」と言われました。説明らしい説明もないうちにそのスペースを研修生3人に任されたのです。そのあいだに職員たちは部屋の掃除などをしていたようですが、自分たちはどうすればいいかがまったくわからなかった。仕方がなく一人ひとりに声掛けをしていきました。まったく反応がない人や勝手に話し出して止まらなくなる人などさまざまでした。

そのうちある人から「おにいちゃん、トイレさせて」と言われたので、「少しお待ちください」と言って、どうすればいいかを職員に尋ねに行きました。すると「させといて」と返されたのです。トイレにお連れすれば用を足せるにもかかわらず、オムツをしているのだからその場でさせろというわけです。

その人にどう説明するかも難しかったので、「ごめんなさい」と謝りましたが、納得はしてくれません。そういう人がどんどん増えていき、手に負えなくなっていくのに、職員は手を差し伸べてはくれず、「させといて」の一点張りでした。

そのスペースには9時から入居者が集められていましたが、オムツ交換の時間は11時でした。オムツの中に尿や便をすればすごく気持ち悪いのに11時までは交換しないことがルールになっていたんです。部屋全体が臭ってきてもそのままでした。

午後も同じような時間があり、そのあいだはいっさいオムツ交換をしません。20年近く前のことですが、どうしてそんな施設が研修先に選ばれるのかもわからなかった。今、ここまでひどいやり方をしているところは減っているのだとしても、入居者ファーストではない施設もやはりあるはずです。**そういう施設を選んでしまわないためにも施設の評判などの情報収集はしたほうがいいと思います。**

施設に預けてしまえば、大丈夫……「あとは知らない」とはならないでください

認知症の身内がいたとき、施設に入居させれば、あとは大丈夫と考える人も多いようです。介護士の立場では口にしづらいことではありますが、介護にあたる職員にパーフェクトな人はいません。過度に期待するのは禁物です。

職員のレベルもいろいろです。対応の難しい入居者にもうまく関わることのできる

職員もいれば、認知症の人との関わり方がうまくない職員もいます。どんなトラブルにも対応できるベテランばかりだという施設はまずありません。

施設では、転倒するなどのアクシデントは起こり得ないと決めつけている人もいますが、そういう部分での絶対はありませんの。どれだけ気をつけていても、何が起こるかはわかりません。そうしたことも最初から理解しておいてほしいところです。

たとえばの話、在宅で転倒された場合、家族が誰もおらずに長く発見されないことがありますが、施設ではそれがありません。職員がすぐに気づかなかったとしても、定期的な見回りの際には発見できます。**何かあれば、早期対応できる場合が多いということ。**それが施設というものであり、こうしたことについては入居時にも説明されているはずです。

施設に入居したあとも、それなりの間隔で面会に足を運ぶなど、入居者がどうしているかは気にかけていてほしいとも思います。定期的に連絡をくれる人とそうではない人とでは、意識の違いも大きくなりやすいようです。

あるトラブルが発生したとき、それまでずっと在宅介護をしていた長男夫婦は「仕方ないですよね」と理解を示してくれたのに、実家から離れて暮らしていた他の弟妹は、状況を確認しようとすることもなくただ怒鳴りつけてきたというケースもありました。お金だけ払っておけばあとは任せきりでいいのだろうという態度をとる人もいます。

日々の様子にまったく関心を示さず、無事かどうかだけわかればいいというのはやはり違う気がします。それではお互いにいい関係が築けません。

認知症は〝脳の病気〟です。その部分を理解していればアプローチは180度変わります

認知症は〝脳の病気〟です。

今の時代には大抵の人がそういう認識を持っているとも思われるかもしれませんが、

実際はそうでもないようです。X（旧ツイッター）で認知症は病気だと書けば「本気で病気だと思っているのか」といったコメントが寄せられることもあります。そういう人はおそらく、認知症は老いに伴うボケだという昔ながらの考え方に固執しているのだと思われます。

認識を変えようとしない理由はわかりませんが、認知症が病気だと認識しているかどうかによって、認知症の人に対する見方は大きく変わります。

病気だと認識していれば、完治はさせられないまでも〝症状を抑える〟〝進行を止める、遅らせる〟という考え方ができます。調子がいい日もあれば、悪い日もあるものなので、いかに調子がいい日を増やしていくかを考える接し方ができます。

何を言っても意味がない、何をやっても効果がない、とは決めつけず、〝その人にとってはどうするのがいいか〟を考えながらアプローチしていく。

介護士は医者ではないので医療行為はできませんが、認知症という病気では、そうした対応が重要になってきます。

多くの人が何かしらの病気を抱えているものです。

認知症は65歳以上の5人に1人が発症するようになると言われている病気です。近年ではさまざまな角度から発症の原因が考えられるようにもなっています。

認知症が病気だということを忘れてしまうと、認知症になった人を下に見る気持ちが生まれてしまいます。ボケ老人といった言い方をしている人はとくにそうです。

たとえばの話、それまで敬語で話していた年長者に対し、その人ががんになっても敬語をやめないのに、認知症になれば敬語をやめるというのは、その時点で変だと思います。認知症になったとしても、尊敬の念をもって、人として関わることが大切です。

認知症の人に対して、上から指示を出すような話し方をする人も多いのですが、相手が年長者だったり親だったりするなら、指示する立場にはありません。

介護士のなかにも「あの人には指示が通らない」、「何を言うても意味がない」といった言い方をする人間もいます。こうした言葉を聞くと、〝何を偉そうな言い方をしてるんや！〟と腹が立ちます。ぼくは基本的に入居者の皆さんに対しては「〜していただけませんか」というような話し方をしています。どこまでの言葉づかいをするかはともかく、尊敬の気持ちを失わずに接するのが自然です。

認知症が病気だと理解していればそれができます。

また認知症は病気だからこそ、医者に診てもらうべきであり、自分たちでやれることに限界があるのは知っておいてほしいところです。

家族だから最後まで自宅で看ていたいという気持ちがあっても、難しいときは難しい。そこは無理をせず、どうか自分たちだけで抱え込まないでください。

おわりに――ぼくが介護の仕事をやめられないワケ

自分では「介護バカ」と名乗るほど、ぼくはこの仕事が大好きです。人生の大先輩といえる人たちのお世話をさせてもらいながら、人生の修行をさせてもらっている感覚です。

これまでにはいろいろ失敗もしてきました。

そのなかでも忘れられないのは、認知症もなく元気だった101歳の男性Uさんのことです。長期の入居はしていなかったのですが、家族が留守の際にショートステイするなど、よく施設を利用してくれていた常連さんです。

ある朝、ぼくがキッチンにいると「おはようさん」と声をかけられ、「飲み物をちょうだい」と言われました。左右の手に湯飲みとマグカップを持っていて、それぞれに白湯（さゆ）とお茶を入れてほしいとのことだったので、言われたとおりにしました。

両手に飲み物を持って部屋に戻ることになるので「大丈夫ですか？」と聞くと、笑顔で「いけるよ」と返されました。

Uさんはふだんからスタスタと歩いている人なので、心配はないかなと思ったのですが、それがとんでもない判断ミスだったのです。

歩きだしてすぐバランスを崩して前のめりに転んだUさんは、両手がふさがっていたため顔面と右膝を強打してしまいました。

慌てて駆け寄り身体を起こすと、「すまん、すまん」と申し訳なさそうにされました。応急処置のあと、救急車で病院に行くと、足を骨折していたのがわかり、下アゴを5針縫うことになってしまったんです。

家族に連絡すると、「なぜ、そんなことになるんですか⁉」と、ものすごく怒られました。当然の反応なので、ひたすら謝るだけでした。

入院生活は半年に及び、元気だったUさんはそのあいだに寝たきりになり、認知症も発症しました。退院後、施設に戻られたときには見違えるほど弱っていました。さらに半年後、肺炎を患い、帰らぬ人になってしまいました。

施設長とケアマネージャーがお通夜に行かせてもらいましたが、ぼくは家族に拒否されました。しかし、しばらくすると手紙が届いたのです。

「父は入院中、あの人を責めたらいかん。ワシが勝手にこけただけやと、何度も言ってました。私たちの気持ちの整理がつかず、お通夜は拒否してしまいましたが、つらい思いをさせてしまい、申し訳ありませんでした」

手紙を読んだときには崩れ落ちるように泣きました。


介護士になって6年目か7年目のことで、今から10年ちょっと前のことになります。このときのことは決して忘れられません。**どうしてあのとき、大丈夫だろうと判断してしまったのかという後悔が消えず、心に突き刺さったままになっています。**この後悔はこれからもずっと消さずにおくべきなんだろうとも思っています。

介護の仕事をしていて、ちょっとしんどいな、ラクをしたいな、と感じたとき、この失敗を思い出し、自分を叱咤(しった)しています。

Uさんとご家族が、ぼくのことをずっと見ているようにも感じています。

介護士として仕事をすることの怖さを知るとともに、人として誰かを許すことの大

切さを教わりました。後輩たちには自分と同じような後悔はしてほしくないので、いつもこの話をしています。

どんな仕事も学びの連続なのだとは思いますが、ぼくは、この仕事を通して少しずつ成長させてもらっている感覚がすごく強い。

まだまだ道半ばとはいえ、人として少しは大人になれてきた部分もあるかもしれません。自分でそんなふうに感じられたときには、Uさんに少しは褒めてもらえるようになったかな、と考えることもあります。

この仕事に就くまで、ぼくはアルバイトなどで30近い職種を経験しました。何をやってもピンとこなかったのに、介護の仕事で初めてやりがいを感じられるようになった気もします。

入居者の皆さんにとっての人生の最後の時期をご家族より密に過ごせることもありがたいと書きましたが、ずっと年下であるぼくなんかに皆さんがあまえてくれます。こちらが期待に応（こた）えられたときには、ストレートに喜びも表現してもらえます。そういう感動はなかなか他にない気がします。

高齢になり認知症が進むと、退行するとか子供返り（赤ちゃん返り）するといった言い方がされることもあります。

さまざまな記憶が失われ、生きていくための知識やスキルを獲得する以前の状態に戻っていくことをそのように表現しているのだと思われます。実際にそういう面はあるのだとしても、すべてをリセットしてしまうわけでありません。

忘れていない部分、大事に残している部分は必ずあります。

そういうところに触れたときには、やっぱり長い人生を歩んできて、多くのものを積み上げてきた人なんだなあ、とも感じます。だからぼくは、退行とか子供返りとかいった言い方をするのは好きではありません。

認知症になった人たちでも、人生の師として尊敬しています。

認知症が進んでいる人には感情表現をほとんどしない人もいますが、ほんのちょっと手を添えるようなことをしただけで「ありがとう」と言ってもらえることも多いんです。1日に20回も30回も「ありがとう」と言ってもらえる仕事はあまりない気がします。自分の感覚としては、仕事として介護しているというよりも、〝一緒に生活しながら、難しい部分やできないことをお手伝いしている〟という感覚です。

高齢化はこの先も進んでいくので、介護の仕事は絶対になくなりません。

職種によってはAIに仕事を奪われるケースもあるようですが、介護の現場ではAIをうまく利用して現場の仕事の効率化を進めています。寝ている人のおしっこが溜まっているかどうかをセンサーで感知することなども可能になりつつあります。

AIの発達が目覚ましいとはいえ、人間でなければお世話させてもらえないことは必ず残ります。

今は「低収入」が問題視されていますが、需要はなくならないばかりか、拡大していくことが疑われない仕事です。人手を確保しようと思えば、条件面などを見直さざるを得ないのですから今後に期待される部分は大きいといえます。

「介護の仕事に興味があるならやってみてはどうですか」と気軽に勧められることではありませんが、人が好きで人との関わりを持てる仕事を探している人なら、選択肢のひとつに入れてもらってもいいかもしれません。

日頃から、相手を問わずにいろいろな人間が好きだという人は、この仕事に向いているのではないかと思います。

今回この本では〝認知症とはどういう病気なのか〟〝認知症の人の介護をするとはどういうことなのか〟を現場レベルの目線で綴(つづ)ってきたつもりです。答え合わせができるわけではありませんが、認知症の人たち、介護される人たちの気持ちを想像しながら働いてきました。

在宅介護をしている人、これから在宅介護をしようかと悩んでいる人、家族など身近に認知症の方がいる人、介護士として働いている人たち、介護士になろうかと悩んでいる人たちの参考にしていただけたなら幸いです。

たっつん

介護の仕事を18年以上続けている現役の介護福祉士。
主に、在宅での生活が困難とされる方が入居する
特別養護老人ホームでの入居者の方々との
印象深いエピソードをSNSにて発信し、
多くの共感を得て人気となった。
介護の仕事の面白さを伝えるために日々発信を続けている。
Xアカウント：@tattsun_cw

※本書で紹介したエピソードは、個人を特定できないよう仮名を使用し、
場合によっては時期や場所など一部を変更しております。

認知症の人、その本当の気持ち

2024年2月21日　初版発行

著　者　　たっつん
発行者　　山下直久
発　行　　株式会社KADOKAWA
〒102-8177 東京都千代田区富士見2-13-3
電話 0570-002-301（ナビダイヤル）

印刷・製本　大日本印刷株式会社

●お問い合わせ
https://www.kadokawa.co.jp/（「お問い合わせ」へお進みください）
※内容によっては、お答えできない場合があります。
※サポートは日本国内のみとさせていただきます。
※Japanese text only

定価はカバーに表示してあります。

ISBN 978-4-04-114300-1　C0095